新宿租界

Z李の行列のできる炊き出しレシピ

Shinjuku Sokai Z li's Soup Kitchen Recipe

Z李

まえがき

炊き出しメシのレシピ本をつくりませんかと言われた時は、素直に嬉しい気持ちになった。

この活動は2020年からやり始めて今年で5年目。

安易にではないが、それでも気軽な気持ちで楽しみながらやり始めた活動で、始めた当初にこれだけ続いていたか、書籍化の話まで想定できていたかと言われるとそんな事はない。

ただ、これまでで合計約4万人へ約4万食のご飯を提供できたというのはなんだか誇らしい気持ちはある。

例えばそうだな。

俺がもし死んで閻魔様の前に立たされた時、あんな悪い事しやがって、こんな事もしただろうがって問い詰められたらこう言う。

「でも、炊き出しでたくさんのお腹すかせている人にご飯を食べてもらいました。ついでに動物かなりの数助けてます」

これで天国チャンス、50%でヘブンラッシュに突入できるはずだろ?

何の話をしているんだと思うかもしれないが、俺も同じだから大丈夫だ。

いきなり前書きの原稿くださいって言われてもそんなに書く事がないんだよね。

レシピ的な話をすると、俺たちの炊き出しは本来寸胴で大量調理をしていて、麻婆豆腐だろうが焼きそばだろうがすべて寸胴でのぶち込み調理になっているのだが、そこは家庭用にきちんとアレンジはさせてもらったかな。

Foreword

ちなみに、この活動で一番クソリプされるのは、怠け者のホームレスにメシなんか食わせたって働かないだなんだってやつ。

はいはい、ガキがバカ言ってんなよって思うね。

そういうやつはママに塾の金払ってもらって育ててもらって大人になっても困ったら小遣いもらってた坊っちゃんだろ？

真面目に、ピンチの時に美味いものを食うと元気が出る。明日からやってやろうって、そんな気持ちになる。そんな時に誰かにメシを奢ってもらえると、俺はひとりじゃないって思える。

そういう事が、そういう気持ちが、わかる人に読んでほしいな。

どこの誰でもみんな、この街のボルトかナット。ころころこぼれて転がっちまった部品だって、誰かが拾えばいいじゃねえか。

では、本編もお楽しみに。

おしながき

Contents

第二章
丼
がっつりかっこめ

Z李×めしコラム 其の弐

第三章
中華めし
新宿租界オリジナル

第四章
麺
かんたん！激うま！

Z李×めしコラム 其の参

第五章 おかず

めしによし、つまみによし

第六章 汁

心に沁みるこの一杯

第七章 Z3 FOODS

これひとつで究極の味

おしながき

Contents

※ 本書に掲載したレシピの材料はすべて「1人分」です。お好みで調整してください。

謎の炊き出し集団

新宿租界

とは?

「新宿租界」公式H.P https://shinjuku-sokai.com

炊き出しスタッフたち。配布やゴミ拾いなど協力して作業する

「**新宿租界**」。香港ノワールを想像させる謎めいたネーミングだが、彼らの本業は博打の情報サロンの運営である。Xで約90万人のフォロワーを誇り、インフルエンサーとしても有名なZ李を総帥に、競馬・競輪・競艇・オートと公営ギャンブル全般のレース予想を、租界メンバーの凄腕予想師たちが毎日公開している。

　そのためギャンブル好きには知られた存在であるが、もう一つの事業として社会貢献活動にも熱心なのだ。2020年から炊き出し活動を開始。料理を運ぶために車を購入し、毎週火曜日17時から、新宿都庁下と代々木公園の2カ所でホームレスなど社会的弱者を対象に現在まで炊き出しを行ってきた。ときには協賛もあるにせよ、基本的にかかる経費はすべて新宿租界持ちである。

　Z李によれば、炊き出しをし始めた理由は「**元々こういう活動はやってみたかったんだよな。明日は我が身という思いが強いからやっている**」とのこと。SNSでの発信内容にときにはアウトロー色の強いものも含まれるため「売名行為では?」と当初は心

博打予想で上がった金を社会活動に還元

無い声があったのも事実。しかし活動開始から約4年、毎週休むことなくボランティアで活動継続している新宿租界にそのような疑惑の目を向ける者はもういない。**いわゆる〝数字稼ぎ〟で社会貢献のフリをするインフルエンサーとは一線を画す存在なのだ。**

　活動を支えるボランティアスタッフは大学生、会社員、ギャンブラー、自身がホームレスの方など多岐に渡り、ギャンブル予想とは無関係の人も多い。新宿租界の炊き出し活動に共感してSNSで応募したり、現場で直接申し込んで手伝いを始めた人なども。すでに卒業した者も含めれば、これまで関わったスタッフは数十人になるだろう。

「**金がある時にしかできないことってあるだろ?**」

　これもZ李の言葉だが、ギャンブルで稼いだ金を路上生活の人々に温かい食事で還元するということは、博打情報サロン新宿租界にとっても大きな意味を持つようだ。人生も賭け事。今は苦しくとも〝一発逆転〟を狙う人々のエネルギーのためにも、新宿租界メンバーは毎週炊き出しを続けている。■

❶にんじん、じゃがいも、さつまいも等、具材を適当な大きさにカット

14:00

仕込み

1日200人分の炊き出しはこうしてつくる！

新宿租界の炊き出しは毎週火曜日の17時から行われている。その時間までに２００人分の料理を作り終え現場に運ぶためには、13時頃から仕込み調理を始めないと間に合わない。仕込みは時間との戦いでもあるのだ。

この日の調理を担当したのは「料理長」のほくろさんと、「料理顧問」のテッペイ君。ほくろさんは、２０２１年の1月から新宿租界のスタッフとして活動

大量の米をガス釜で炊いていく

15:00

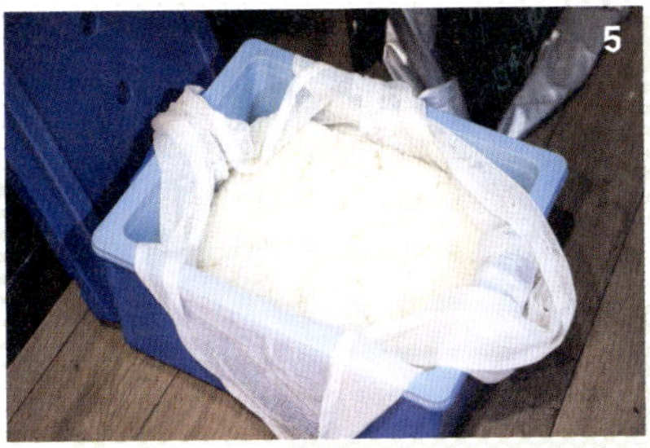

❷シチューの素は業務用スーパーで購入❸鶏肉は冷凍食材で10キロほど使用❹5キロの米を4回に分けてガス釜で炊いていく。すごい量だ❺炊き上がったご飯は容器に移し余熱で蒸らしていく

している。元々Z李のファンだったが、ボランティア募集の告知を見て自ら応募。今では料理長として腕を振るう頼もしい存在だ。同じく2021年、当時海鮮丼屋を経営していたテッペイ君は、協賛という形で炊き出しに参加したことがきっかけで、現在は予算組みからメニューの考案など、安くて美味いメシを出せるよう料理顧問を務めている。

「**とにかく大量につくるってのが美味しくなるコツですね**。炊き出しの場合つくる量が尋常じゃないんで、具材から出汁や旨味が出て何やっても美味くなるんですよ。鍋やった後のスープがめっちゃ美味いのと一緒です」（テッペイ君）

カレーなどは10人分くらいつくって残ったものは冷凍保存しておくのがオススメだという。

この日のメニューはクリームシチュー丼。まずは野菜、鶏肉など、使用する具材を細かく切り分けていく。

「**毎週やってるんで食べる人が飽きないようにメニュー考えています**。当然原価は抑える必要があるので、今週はこの具材が安いからコレにしようとか、コストも計算しつつです。安く大量につくるには余

美味しくするコツは大量につくること

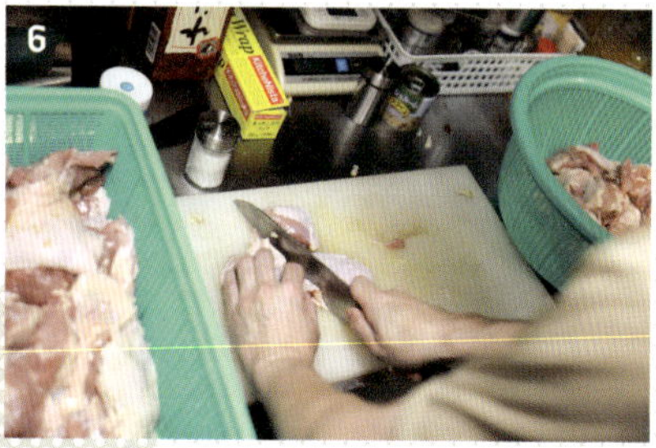

15:30

❻水で解凍した鶏肉を切っていく。余ったらもう一度冷凍するなど利用できる❼野菜に火が通ったら肉とシチューの素を入れさらに煮込む❽火力が強いので30分ほどで具材は柔らかくホロホロに。家庭用コンロの場合は、パッケージのつくり方を参考に時間調整すればOK

計なものを買わないこと。あとは豚肉や鶏肉など、業務用スーパーで安く手に入りやすい具材を工夫して調理するようにしてます」（テッペイ君）

丼で提供するためには大量のご飯も炊かなくてはいけない。「うちはガス釜で炊いてるので美味しいですよ」とほくろさん。全部で20キロ必要なため4度に分けて炊いていくが、**炊き上がったご飯は容器に入れちゃんと蒸らし、温かいまま炊き出しで提供できるよう味にもこだわっている。**

具材を寸胴へぶち込み、火が通ったら目分量で水、クリームシチューの素、牛乳、調味料を入れ煮込み味を整えていく。

「味付けはお好みなんですが、**炊き出し用なのでカロリーを摂取して元気が出るよう、ちょっと濃いめにしてます。**今回の炊き出しレシピなんですが、基本的に200人分用の料理を1人前にしたものなので味の細かい加減は調整していただければと思います」（テッペイ君）

基本的に難しい工程は特になく、業務スーパーで購入したシチューの素に書いてあ

具沢山なクリームシチューが完成

16:00

9

10

❾完成したクリームシチュー。最終的にブロッコリー、コーン、エリンギも入り豪華な一品となった！❿炊き出しを支える「料理長」ほくろさん（右）と「料理顧問」のテッペイ君（左）⓫16時半ごろ調理場を出発しシチューは無事、炊き出しに並ぶ人の元へと届けられた

る通りつくればOK。そこに好みで塩味やスープなど味を足していけばいいので男1人でつくるのも難しくはない。

グツグツと煮ていたシチュー、200人分のご飯が16時過ぎに完成。そこから車に乗せるための容器に移し、スプーンや丼などの在庫もチェックし、合流した他のスタッフと共に車に積み込み17時には無事都庁下の炊き出し現場に間に合った。

「**皆さんに喜んでもらえるように、毎週色々考えながらつくってます。**2カ所の炊き出しが終わったら調理場に戻ってきて、洗い物して掃除して終わるのは22時くらいですかね（笑）」（ほくろ）

こうやって絶品炊き出しメニューはつくられているのだった。お疲れ様でした！■

11

特別な調味料は一切不要！

味付けは基本的に目分量でOK、味を確かめつつぶちこめ。難しく考える必要はない

調味料は業務用スーパーやネットで安く購入できるのでお試しあれ

万能な「創味食品」の業務用たれ。2キロで2000円程度と値段もお手頃

本書のレシピには特別な調味料は出てこない。スーパーやネットで簡単に購入できるものばかりだ。
その中でも特にピックアップしたいのが「**創味食品**」のたれシリーズで、本書のレシピに出てくる「**にんにく醤油たれ**」はこれ。業務用スーパーやネットサイトで購入できるが、料理顧問テッペイ君いわく「**これを入れときゃ間違いない**」味だという。
もちろん手に入らない場合はにんにくが利いているZ3フーズのたれや、市販の焼肉のたれを使ってもOK。自分でつくる場合は、醤油・みりん・酒を合わせ、そこにチューブのにんにくを足せば近い味ができる。一度つくれば炊き出し料理にはなんでも使い回しできるので、オリジナルたれをつくってもいいだろう。
本書で記載される「だしの素」「市販のカレールウ」なども、何を使っても自由なので、家にあるものやスーパーのセールで安く売っているものを手に入れればいいだろう。
要は調味料は何を使っても大丈夫！ 調味料に関しては難しいことを考えずに、手に入りやすいものを使えば問題ない。■

新宿だけで150人、代々木と合わせると約200人が列に並ぶ

炊き出し

毎週火曜日に行列ができる

新宿租界の炊き出しが、２０２０年に毎週火曜の17時から、西新宿の都庁下と代々木公園の２カ所で実施されるスタイルになってから約４年。その回数は２００回を超え、火曜日の夕方に路上生活者や生活困窮者が炊き出し料理を求めてずらっと並ぶ光景は、今ではすっかりお馴染みのものとなった。

「**新型コロナが流行して、既存の炊き出しが減ったのが炊き出しを始めた理由でした。**今ではすっかり認知されて、２００人並ぶこともよくあります」

と語るのはスタート時から炊き出しに参加してい

（写真上）スタッフの指示により列が作られ１人ずつ料理が提供される（写真下）炊き出し回数は現在200回を超えた

スタッフにより手際よくカレーがよそわれる

た牛込寅太郎氏。新宿租界の炊き出しはSNSで有名になったこと、口コミで広がったこと等により、現在は新宿界隈だけではなく、わざわざ東東京の山谷など遠方からやってくる者もいるのだとか。ボランティアスタッフの１人は「実は、最近は生活に困ってないのに並ぶ人がいるのに困っているんです。見た目だけで判断できないじゃないですか。あとポイ捨てするやつ、これは最悪すね。**ちゃんとルールを守ってくれないと炊き出しが続けられなくなるんで、必ず食べ終わったら僕らに返してもらうか用意したゴミ袋に捨てて欲しい**」と集まる人が増えたことによる苦労も語ってくれた。この日も都庁下だけで１００人を軽く超える人々が列をつくっていた。

この日振る舞われた炊き出し料理は「マグロカレー」。マグロのカマをしっかり煮込んだ本格的なもので、一口頬張るとしっかりとした魚介の風味が広がる。こんな本格的な味を炊き出しで味わえるのだから、わざわざ遠くからやってくるのも頷ける。

実際、温かいまま提供される新宿租界の炊き出しはオジチャンたちにも大好評。70代の路上生活者にマグロカレーの感想を聞くと「ちょっとピリ辛で美

約200人分を賄う大量のご飯とカレー。マグロの味を出すため、仕込みには時間がかかる

絶品炊き出しを求めて東京中から人が集まる

味しいです。毎週楽しみにしてます」と答えてくれた。

　この活動を支える炊き出しスタッフは租界メンバーの他、有志のボランティアでまかなっている。4年間の間に就職や引っ越しなどで卒業していった者もいたが、活動趣旨に賛同して手伝いを希望する者は今でも数多い。

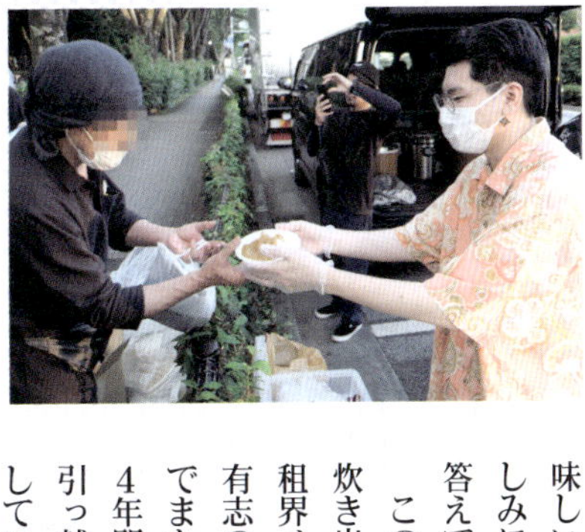

この味を求めわざわざ遠くから来る人も多い

「一時は売名行為に近い形で、自分のSNSやYouTubeなどの撮影がてらボランティアに来たり協賛する人もいたんですが、そういう人って長続きしませんね。**最後はこの活動に賛同して気持ちよくやらせてもらっているメンバーが残っていると思います**」（スタッフの1人）

　場所を新宿から代々木公園に移動し、待っていた

マグロカレー

マグロのカマをしっかりとトロトロになるまで煮込んだカレーは本格的な魚介風味

これまで和洋中、様々なメニューを提供。ときにはステーキやうなぎなど豪華なものも

Zさんのスパイス漬け チキンステーキ丼

下茹でしたチキンをカリっと焼き上げZさんスパイスを振りかけた食べ応えのある丼

ポイ捨て厳禁。食べ終わった器は必ず回収している

数十人にもカレーを配り、さらに協賛者から提供してもらったという雨ガッパを配って本日は活動終了。手際よくゴミを片付け車に積んで撤収となった。

ボスのZ李の発案によって始められた炊き出し。コロナは収束したが景気は落ち込んだままで、生活困難者は今も増えるばかりだ。これから寒い冬もいよいよ本格的にやってくる。そんなとき、毎週火曜に休みなく提供されてきた温かい炊き出しメシは、その日の食事にも困る人々の支えになっているのは間違いない。

新宿租界の炊き出しは、今後も必要とされる限り続いていくだろう。■

常連のおじさん達に聞きました、そのお味は？

「ここの炊き出しは全部美味い！」

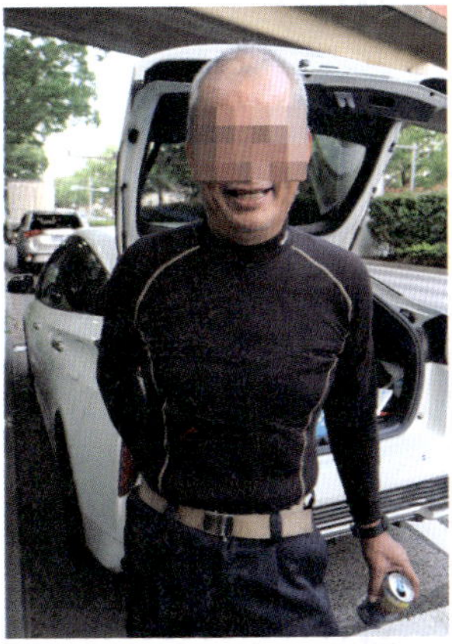

Aさん

俺は代々木の方なんだけどさ、ここの炊き出しは全部美味い。マズかったのは１つもない！　他のところが話にならないくらいだな（笑）。美味すぎて生活保護の奴らも食いに来てるんだろ？　あいつらはメシ代もらってんだから本当は食う資格ないんだよ。俺が代わりに帰れって言ってもいいぞ（笑）。今後もよろしくな。

「ご飯が温かいのが嬉しい」

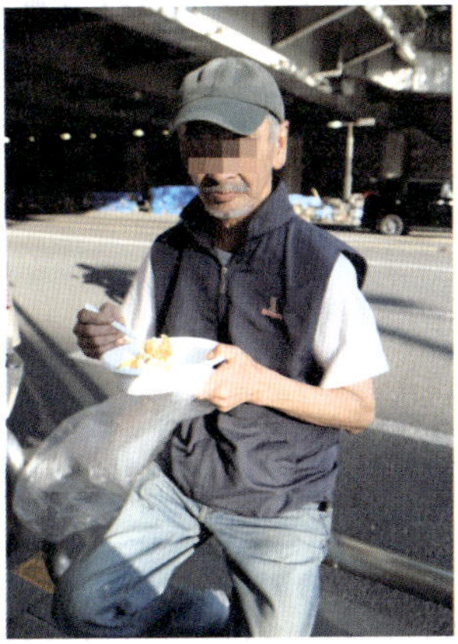

Tさん

他のとこも食ってるけど、ここのはご飯が温かいじゃん。上野なんかは、弁当みたいな感じで冷たくてさ。まあ、ちゃんとやってもらってるから文句は言えないけどね。今日のカレーは美味かったな。前に食べたスパイシーな黒カレーも美味しかった。とにかくヨソよりも味がいいのは俺が保証するよ（笑）。

「こんなに豪華な炊き出しはないよ」

ウルフさん

僕は初期から来てるんですけど、人数がここまで多くなかった頃に出たうな丼とか、ウニいくら丼とかはよく覚えてるよ。なんて豪華なんだって（笑）。１回目の時は変な被り物してる人とかがいて、最初は警戒してたんだけど今ではゴミ回収手伝うようになるくらい顔馴染み。また豪華なやつも記念でやって欲しいね！

第一章

カレー 炊き出しメシの王道

材料

カレールウ…１かけ
牛肉（ももスライス）…100g
玉ねぎ…１個
福神漬け…お好みで
ご飯…好きなだけ

つくり方

一、市販のルウのパッケージに書かれたつくり方通りにカレーをつくる。
二、炒めた牛もも肉と玉ねぎを入れる。
三、肉が柔らかくなるまで煮込めば完成。

01

ビーフカレー

炒めた玉ねぎと牛肉の旨味が口の中に押し寄せる

カレーって間違いなく
炊き出しの鉄板メニュー。
実際カレーの時は好評だ。
このビーフカレーはその
基本みたいなものだから
1回試してほしい。
本当に簡単だから。
誰でもつくれなきゃ
炊き出しレシピじゃ
ねえよな。

Zさんメモ とにかく玉ねぎを焦がさないようにじっくり炒めるのがコツ。しっかり炒めることで甘味や旨味が出る。あと肉は金に余裕があればたくさん入れたい。

02

Wiener and Lotus Root Curry

ウインナーれんこんカレー

みんな大好きウインナーをガツっと

ウインナーってみんな大好きだよな。お前も好きだろ？ 安くまとめ買いしとくといいぞ。それに野菜を足して大人のカレーにしてみた。最近コンビニでも野菜売ってるじゃん、それをサクッと炒めて乗せれば完成だ。

材料

カレールウ…１かけ
だしの素…小さじ１
ウインナー…３本
れんこん…1/4本
なす…1/3本
ご飯…好きなだけ

つくり方

一、市販のカレーをまずつくり、そこにだしの素を加えて和風のカレーに仕上げる。

二、れんこん、なすを輪切りにして食感が残る程度に炒める（味付けは塩などでごく軽く）。

三、ウインナーを茹でる。

四、カレーをご飯の上にかけ、その上に具材を並べて和風カレーの完成。

Zさんメモ

野菜はしっかり火を通すこと。だしの素はお好みでいいが、辛いのが苦手なら多めに入れたほうがいい。レトルトカレーに和風だし入れるだけで美味い。

まるでポトフカレー

つくり置きしたポトフにルウをぶち込めば完成！

ポトフのつくり方は別のページを参照にしてもらいたいが、多めにつくってその余りにカレールウを入れたのがこれ。つまり1度つくれば2度おいしい。簡単だし栄養価が高いから、金のないやつはつくり置きしとくといいぞ。

材料

ポトフ…適量
カレールウ…１かけ
ご飯…好きなだけ

つくり方

一、ポトフ（つくり方はp95で解説）にお好みのカレールウを入れる。
二、よく混ぜて味が馴染んだらご飯にかけて完成。
三、ルウを少なめにしてポトフ感を味わえるようにするのがオススメ。

Zさんメモ 基本的にポトフにルウをぶち込んで煮るだけで完成。ルウの量を減らせばスープカレーになるし、辛口が好きなら自分で香辛料を足してもいい。

04

マグロカレー

8時間コトコト煮込むのがポイント

テッペイ君の協賛で定期的に提供している絶品カレー。このつくり方でマグロのカマを煮込めば旨味と風味が凝縮され美味くなるからビックリだ。骨とったり、長時間煮るのは面倒だが嘘だと思って試してほしい。

材料

カレールウ…1かけ
マグロのカマ…2本
（煮込む用と焼く用）
九条ねぎ…1/3本
ご飯…好きなだけ

つくり方

一、**市販のカレーをパッケージ通りにつくる。**

二、**マグロのカマをカレーに入れて、最初は強火で沸騰させ1時間。その後トロトロの弱火で7時間煮込む。煮込みすぎると臭みが出るので8時間がベスト。**

三、**マグロのカマを焼き、カレーの上に乗せる。**

四、**輪切りにした九条ねぎをたっぷりかけて完成。**

Zさんメモ　できれば九条ねぎは乗せたい。あるのとないのとでは全然違う。カマはスーパーで安く売っているものでOK。暇な休みの日にチャレンジしてくれ。

05

Seafood Curry

シーフードカレー

シーフードミックスから旨味が出る

なんと冷凍のシーフードミックスをカレーに入れるだけ。Zさんのレシピは簡単だろ？ 映えるようにエビとサーモンを乗せてるが、別になくても十分美味いから安心しろ。悩むな、ただシーフードミックスを入れればいい。

材料

カレールウ…１かけ
シーフードミックス…1/4袋くらい
サーモンの切り身…１枚
エビ…１尾
ご飯…好きなだけ

つくり方

一、**市販のカレーをパッケージ通りにつくる（野菜はお好みで）。**
二、**カレーにシーフードミックスを入れ、魚介の味がしっかり出るまで煮込む。**
三、**焼いたサーモンとエビを乗せ完成。**

Zさんメモ　冷凍シーフードミックスは、カレーに入れる前に解凍しておいたほうが味がぼやけない。あと食感のいいイカが入っているものを選ぶのがポイント。

06

Chicken Curry with GOROGORO Vegetables

ゴロゴロ野菜のチキンカレー

野菜も肉も大きめにカットするのがコツ

いいか、カレーって愛情なんだ。手間暇かければその分美味くなる。母ちゃんがつくったじゃがいもがゴロゴロ入ったカレー好きだったろ? それを思い出してつくってみな、絶対感動するゴロゴロ野菜カレーができるから。

材料

カレールウ…1かけ
鶏肉（もも）…200g
じゃがいも…1個
にんじん…1/2本
ブロッコリー…1株
塩…少々
ご飯…好きなだけ

つくり方

一、**野菜を大きめにカットし、カレールウで煮込む。**

二、**鶏肉も大きめにカットし、フライパンかオーブンでグリル。しっかり焼けたらカレーに入れて煮込む。**

三、**盛り付け、塩茹でしたブロッコリーを添えて完成。**

Zさんメモ　ブロッコリーは別で塩茹でし最後に入れるといい。野菜も肉も大きめにカットしたほうが食感がいい。面倒ならベジタブルミックスもありだがな。

07

Keema Curry

キーマカレー

ひき肉は油でよく炒めて
しっかりピリ辛に仕上げるのがオススメ

キーマってインドの言葉で「細かいもの」って意味なんだってな。
だとすればひき肉以外の玉ねぎやピーマンも細かく切って入れるのもアリ。
だが俺はこのシンプルなキーマが好きだね。しっかりピリ辛にしてな。

材料

カレールウ…適量
ひき肉…100g
卵…１個
ご飯…好きなだけ

つくり方

一、**たっぷりのひき肉を油で炒める。ひき肉の種類は牛・豚・鶏・合いびき、お好みで。**
二、**市販のカレールウを入れて煮込む。**
三、**味は水で調整するが入れすぎは禁物。**
四、**お好みで生卵を乗せて完成。**

Zさんメモ　ひき肉だが、焼く前にショウガとにんにくで下味をつけ臭みをとるといい。基本合いびきでいいが、たまには豚オンリーにして味の変化を。

ビーフシチューハンバーグライス

冷凍食品の底力をあなどるなかれ。オン・ザ・ライスで男メシの完成

最近の冷凍ハンバーグって超優秀なの知ってた？ そんでビーフシチューの素も超優秀。優秀に優秀をかけ算してるから、美味くなるしかないよね。炊き出しって大量につくるから冷凍食品をよく使うんだけど、それって別に手抜きでもないんだよね。使える食材は有効利用したほうがいい。

つくり方

一、**市販のビーフシチューのルウにカットしたじゃがいも、にんじんを入れシチューをつくる。**

二、**温めたハンバーグをご飯に乗せ、その上からシチューをかければ完成。**

三、**お好みで別で塩茹でしたブロッコリーをトッピング。**

Zさんメモ ハンバーグだけでもいいが、せっかくだから野菜を添えて豪華にしたい。レトルトシチューを使えば最初からきのこなど具材も入ってて便利。

Beef Stew Rice with Hamburger Steak

08

材料

ビーフシチューのルウ…１かけ
冷凍ハンバーグ…１個
じゃがいも…1/2個
にんじん…1/2本
ブロッコリー…１株
ご飯…好きなだけ

Z李／めし
Column

其の壱

俺が炊き出しをする理由

こういう暑苦しいテーマはかなり苦手。
ただでさえちょっとでも何か行動すると偽善者だなんだって言われがちな時代に、〝炊き出しへの思い〟なんて語った日にはどうなっちまうんだよ。
なんかあれだよな。
発信せずに、言わないで行動するのが美徳みたいな考え方持ってるやつが多い。
まあそれはそれで時と場合によってはカッコいい事もあるんだけど、こういう社会貢献的な活動ってどんどん言ったほうがいいんだよ。
俺みたいな人間は特にな。
いちいちその理由を説明してしまうと、この活動だけでなくすべて計算ずくでやってるんじゃないかって思われるからあんまり言いたくはなかったけど解説するか。馬鹿が適当に思いついたままにやってる活動だって思っていてもらいたかったけど。
まず、インフルエンサーだかって恥ずかしい肩書きや単語は正直使いたくないが、俺の行動って真似をする人が多いんだよね。
シンプルに、俺みたいなのが毎週炊き出ししてると自分も何かできないか、カッコいい（と人に思われる）行動ができないかと考え

Z李率いる新宿租界の炊き出しは開始から５年目を迎える

る訳よ。

本当に炊き出し始めるのだっているし、そうじゃなくても貧困支援向けの寄付を始めたりとか、そういう報告がたくさん来るんだ。

これって、俺がわざわざ発信しないと起こらなかったかもしれない現象だからな。

毎週毎週ツイッターやらインスタグラムに炊き出し報告しやがって、メディアの取材なんか受けやがって、良い格好したい偽善者が。

そういうメッセージも実はたくさん来るんだけど、考えが浅すぎて潮干狩りできちまいそうだぜ。

そういう馬鹿どもに俺はいちいち反論しないし、浅いなお前と小馬鹿にした嫌味も言わない。

メシに困っている人間に美味しいメシを食ってもらうという行為は、誰がどう難癖つけようが俺の中では鉄パイプくらいに硬い曲がらない真実なんだ。

そして、良い事は広まったほうがいい。それだけ。

言えば言うだけこっちまで浅くなるからあんまり書きたくないぜ。

では、次のメニューにいこうか。■

良い事は広まったほうがいい それだけ

第二章

丼

がっつりかっこめ

09

牛丼

味付けは気持ち甘めに
おじさんの疲れも吹き飛ぶ
パワーが出る男メシ

もしかして、牛丼なら吉野家で買えばいいじゃんって思ってる? 1人ならそうかもしれないけど、自分でつくるのもかなり美味いぜ。炊き出しに来るおじさんたち向けに砂糖とみりんで甘めに味付けしてるのがポイントだ。

材料

牛肉（バラ）…100g
玉ねぎ…１個
タレ
- 醤油…大さじ１
- みりん…大さじ1
- 酒…大さじ１
- 砂糖…小さじ１
- だしの素…小さじ１

紅しょうが…お好みで
ご飯…好きなだけ

つくり方

一、くし切りにした玉ねぎを色が変わるまで炒める。
二、牛肉を入れ、調味料を合わせたタレで炒める。
三、火が通り味が染み込んでいればOK。
四、紅しょうがマシマシで！

Zさんメモ　肉を炒めるときは酒をたっぷり使って臭みを消しつつコクを出す。牛バラ肉は、しっかり味付けすればスーパーで売ってる安物で十分！

10

Green Onion Beef Bowl with Egg

ねぎ玉牛丼

ねぎと生卵は牛丼と相性バッチリ！
シャキシャキ感とトロ～リ感がたまらない

正直見ればわかるよな、前のページにネギをかけて卵を乗せただけって。でもその一手間が大事ってこともわかるよな？ シャキシャキした万能ねぎ乗せるだけで何でこんなに味違うんだろ、って思うくらい別物だから。

材料

牛丼…１杯分
万能ねぎ…多めに
卵…１個
ご飯…好きなだけ

つくり方

一、**p32でつくった牛丼に万能ねぎを大量にかける。**
二、**卵黄を乗せて完成。**

Zさんメモ　ねぎは大きめに切って食感を残す。黄身だけでもいいし、白身が好きなら全部かけて。焼いて目玉焼きにして乗っけてもアリ。

11

チーズ牛丼

カロリーたっぷりで食いごたえ抜群
スパイスを振りかけアレンジも

チーズって牛乳からつくられるだろ。当然牛肉との相性はいいって話だよな。まあ広い意味で親子丼みたいなもんだよ。タバスコかけたら美味いのは当たり前として、Z3フーズのスパイスや七味をかけても最高だね。

材料

オリジナル牛丼…１杯分
ミックスチーズ…たっぷり

つくり方

一、p32でつくった牛丼に市販のミックスチーズをひとつかみかける。
二、チーズが溶けるまでレンジで温めれば完成！

Zさんメモ　チーズは簡単に溶ける、とろけるチーズ系なら何でもOK。チーズの塩気と牛肉の甘味が相性バッチリでガンガンいける。

12

すき焼き丼

具材に染みたタレで無限にメシをかっこめる

具材はしらたきがポイントだ。タレの味が染みたしらたきって、無限に食えるくらい美味いのなんでだろうな。コンビニおでんのしらたきって美味いだろ？ ガキの頃はそうでもなかったけど、今じゃ主役より好きかも。

材料

牛肉…100g
しらたき…1/2袋
玉ねぎ…1/2個
にんじん…1/4個
卵…１個
タレ
- 砂糖…大さじ１
- 酒…小さじ１
- 醤油…小さじ2

ご飯…好きなだけ

つくり方

一、牛肉を砂糖、酒、醤油を混ぜたタレで甘めに煮る。タレの味はお好みで調整。

二、カットした玉ねぎ、にんじん、しらたきを加えすき焼き風に煮る。

三、ご飯に乗せ、半熟ゆで卵を乗せ完成。お好みで生卵でもOK。

Zさんメモ タレはつくるのが面倒なら市販の「すき焼きのたれ」を使ってもいい。味が濃くなりすぎないよう水を足すなどして調整。

うな丼

競馬やパチンコに勝ったご褒美に！

これはあれだな、炊き出し何百回記念のときに出した特別メニューだから正直レシピもくそもないよ。スーパーでうなぎのパック買ってきて米に乗っけてくれ。競馬やパチンコ勝った日ならうなぎ買う金あるはずだよな。

材料

うなぎ（かば焼き）…２尾
岩下の新生姜…適量
山椒…適量
ご飯…好きなだけ

つくり方

一、市販のうなぎを付属のタレで焼く。湯煎もしくはレンチンでもOK。
二、ご飯に乗せスライスした新生姜を添える。
三、山椒をかければ豪華うな丼の完成！

Zさんメモ うなぎを買う金がない人は、いわしのかば焼きで代用すると雰囲気は味わえる。タレだけはうなぎ用の使ってほしいけどな。

14

焼き鳥丼

筋トレにも相性がいい鶏むね肉を焼き鳥風に

鶏むね肉って高タンパク、低脂質で筋トレにピッタリだ。俺も一時筋トレにハマってた時期があって、その時はむね肉食べてた。調理の仕方によって固くなることがあるから、表面だけパリッと焼いて蒸し焼きにするといいよ。

材料

鶏肉（むね）…200g
長ねぎ…１本
かば焼きのタレ
- 砂糖…大さじ１
- 醤油…大さじ２
- みりん…大さじ２
- だしの素…小さじ２

ご飯…好きなだけ

つくり方

一、鶏むね肉を焦げ目がつくまで焼き、蓋をして蒸し焼きにする。
二、調味料を混ぜ合わせ、かば焼きのタレをつくる。味を見ながらお好みに調整。
三、鶏肉が焼き上がったらタレを入れからめる。
四、ねぎもカットしタレで炒める。
五、ご飯の上に鶏肉とねぎを乗せ完成。

Zさんメモ ねぎは深谷ねぎや下仁田ねぎなど、ブランド品を使うと一段上の料理に変貌する。健康にもいいぞ。

うずら卵と鶏団子のにんにくバター炒め丼

Quail Eggs and Chicken Meatballs Bowl

酒のアテにもなる最強のジャンク丼！

これはあれだよな、米に乗せても美味いけど酒のアテにもなるやつだ。バター溶かしてチューブにんにく入れて醤油をサッと。それだけでヤバいくらい美味いから誰でもできる。若い人たちは特に好きなんじゃないか。

材料

うずらの卵…１袋ほど
鶏団子…10個
バター…１かけ
にんにく醤油たれ…小さじ２
ごま…少々
ご飯…好きなだけ

つくり方

一、市販の鶏団子をバターで炒め、にんにく醤油たれで味付け。
二、うずらの卵を大量に入れて一緒に炒める。
三、火が通ったらご飯に乗せて完成。
四、お好みでごまをかけて。

Zさんメモ　ごまの相性がいいので好きな人は多めに。辛いのが好きならにんにくバターに唐辛子入れてピリ辛にしてもオススメ。

Chicken Ketchup Rice

16

チキンチャップライス

ケチャップを使い洋食の人気メニューを鶏肉で再現

洋食屋にあるチャップライスって食ったことある？ 本場のアメリカではデミグラスソース使うらしいけど、日本に輸入されてケチャップで味付けするようになったらしい。ポークチャップが有名だけどチキンも合うからぜひ。

材料

鶏肉（もも）…200g
じゃがいも…１個
しめじ…２～３房
塩…少々
粉チーズ…適量
ご飯…好きなだけ
ソース
　バター…１かけ
　ケチャップ…大さじ１

つくり方

一、 大きめにカットした鶏肉とじゃがいもを炒め、しめじを加える。
二、 別のフライパンで弱火でバターを溶かし、ケチャップを加え炒めてソースをつくる。
三、 具とソースを合わせ、塩で味を調整する。
四、 ご飯に乗せ、粉チーズをかけて完成。

Zさんメモ ケチャップが決め手なので、味を確かめつつ大さじ１で足りないと思ったらガッツリ入れて強めな味にしても良し。

17

鶏味噌マヨライス

マヨネーズのコクと味噌の甘味のマリアージュ

Chicken Miso-Mayonnaise Rice

ケチャップが来たらマヨネーズも使わないとな。炊き出しってのは冷蔵庫に余ってる食材や調味料を有効利用するのも大事だ。当然家に味噌もあるだろ。味噌とマヨを混ぜて鶏肉とあえて炒める、それだけでいい。

材料

鶏肉（もも）…200g
玉ねぎ…1/4個
マヨネーズ…大さじ2
ほうれん草…適量
ご飯…好きなだけ
ソース
　マヨネーズ…小さじ1
　味噌…小さじ1

つくり方

一、鶏肉と細かく切った玉ねぎを炒める。
二、マヨネーズ大さじ2を加え味付け。
三、別でマヨネーズ小さじ1と味噌小さじ1を混ぜたソースをつくる。
四、仕上げにソースを加えサッと炒め、マヨ感が残るように仕上げる。
五、ご飯の上に乗せ、茹でたほうれん草を添えて完成。

Zさんメモ　火を通しすぎると水分が飛びマヨ感が消えるので、鶏肉と混ぜたらサッと炒めて仕上げるべし。

Chicken and Egg Bowl

18

親子丼

ふんわりむね肉と追い玉のトロトロ感がたまらない

「なか卯」の親子丼はじめて食べた時はビビった、美味すぎて。
あの味を炊き出しレシピでなるべく再現しようと思うとこうなる。
むね肉の方がふんわりするし、追い玉することでトロトロ感たっぷりだぜ。

材料

鶏肉（むね）…200g
しめじ…1/2パック
玉ねぎ…1/2個
卵…２個
ねぎ…少々
ご飯…好きなだけ
タレ
　だしの素…大さじ１
　砂糖…小さじ１

つくり方

一、鶏肉をだしの素と砂糖を混ぜてつくったタレで煮る。
二、カットした玉ねぎとしめじを入れ煮込む。
三、卵でとじてご飯の上に乗せる。
四、ねぎをちらし、卵黄を乗せれば完成。

Zさんメモ　卵に火が通りすぎないように注意。むね肉も固くならないよう、火加減には注意。ふんわり食感を目指せ。

19

デミハンバーグ丼

Demi-Glace Hamburger Steak Bowl

きのこがたっぷり乗った洋食屋顔負けの本格派

そろそろ気付かれたかな、同じ食材使い回してるって。でも炊き出しとか貧乏メシってそんなもんだろ。冷凍ハンバーグだって1個で買うよりまとめて買った方が安いって誰でもわかるだろ。キャベツ添えて彩りよくしろ。

材料

冷凍ハンバーグ…1個
デミグラスソース…100g
カットマッシュルーム…適量
しめじ…適量
玉ねぎ…1/4個
キャベツ…少々
卵…1個
ご飯…好きなだけ

つくり方

一、冷凍ハンバーグを湯煎して温める。
二、カットしたマッシュルーム、しめじ、玉ねぎを炒める。
三、市販のデミグラスソースを入れて炒める。
四、ご飯の上にハンバーグを乗せ、ソースをかければ完成。
五、お好みでキャベツ、ゆで卵を添える。

Zさんメモ きのことハンバーグの相性は半端ない。缶詰でもいいので、エノキやしめじなど好きなきのこを乗っければ本格的に。

三色丼

映える見た目だけど味はにんにく醤油でしっかりと

見てくれよ、この綺麗な見た目。ひき肉、ほうれん草(冷凍でOK)、卵しか使わずこんな映える料理できるなんて、もしかして俺たちは天才かも。けど見た目と違ってにんにく醤油たれでパンチある味付けなのがミソだね。なんならソースやマヨネーズかけてアレンジしちゃうのも嫌いじゃないぜ。

Zさんメモ スクランブルエッグをトロトロに仕上げるのが最大のポイント。なんなら卵3つ使ってもいいくらい。ほうれん草は冷凍をレンチンするだけでも全然いい。

20

材料

ひき肉（牛）…100g
甜麺醤…適量
にんにく醤油たれ…大さじ１
卵…２個
ほうれん草…１束
ご飯…好きなだけ

つくり方

一、ひき肉を甜麺醤とにんにく醤油たれで炒め甘辛に仕上げる。
二、溶き卵をスクランブルエッグ（炒り卵）に焼き上げる。
三、ほうれん草を茹でて食べやすい大きさにカット。
四、３種類の具材をご飯の上に彩りよく並べて完成。

Japanese style Minced Meat Sauce Rice

21

和風ひき肉あんかけご飯

粗めに切ったこんにゃくでボリュームたっぷり

これは意外とこんにゃくがポイントかな。肉に混ぜるのはかさ増しの意味もあるけど、違う食感が混ざると美味いんだ。もしかしたら、こんにゃくや玉ねぎはもっと大きく粗めにカットしてもいいかもな。

材料

ひき肉（牛・豚）…100g
玉ねぎ…1/2個
こんにゃく…1/4個
おろししょうが…適量
ねぎ…適量
酒…大さじ3
だしの素…大さじ1
みりん…大さじ1
醤油…大さじ1
片栗粉…適量
ご飯…好きなだけ

つくり方

一、ひき肉、しょうがを酒で炒める。
二、みりん、醤油、だしを加え、ひき肉にしっかり味をつけ火を止めて５分置く。
三、玉ねぎを炒め、アクを抜いたこんにゃくとひき肉を加える。
四、色が変わったら水100ccを入れ、しっかり沸騰させ酒とみりんを飛ばす。
五、強火で5分煮詰める（強火でいけ！）。
六、片栗粉でとろみをつけ、刻んだねぎを乗せ、ご飯に乗せて完成。

Zさんメモ　しょうがを利かせることでひき肉も具材の味も立つ。和風だけど優しすぎず、適度に塩味があるメシに合う味を目指せ。生卵をお好みで。

22

ミートソース丼

肉もトマトもマシマシで食ったら飛ぶぞ！

Meat Sauce Bowl

ケチらずトマトピューレはガツンと入れちゃって。ミートソースって、本当そこ重要だから。肉もマシマシでいきたいよな。200グラム入れれば、飛ぶよ。長州さんのパクリだけど、これは本当飛ぶ。

材料

ひき肉（牛）…200g
玉ねぎ…1/4個くらい
デミグラスソース…100g
トマトピューレ…150g
ガラスープの素…適量
温泉卵…１個
砂糖…少々
ご飯…好きなだけ

つくり方

一、ひき肉とみじん切りにした玉ねぎを炒める。

二、ひき肉に火が通ったら市販のデミグラスソース、トマトピューレ、ガラスープ、砂糖（少量）を入れて煮込み、トマトソースをつくる。トマトピューレはたっぷり入れた方が美味い。

三、ご飯にかけ、温泉卵を乗せて完成。

Zさんメモ

米にも合うけど、当然パスタにも合う。大量につくり置きして冷凍しておけばいくらでも使い回しできるので、つくるときの具材はケチらずに！

23

ミートボール丼

シチューでミートボールを煮てひと手間かける

ミートボール乗せるだけでも十分美味いんだけど、ビーフシチューで煮込むというひと手間かけるのが真心じゃないかな。大事だよな真心は。炊き出しって仕事じゃなくボランティアだろ、だから心は大事なんだ。押忍。

材料

ミートボール…7～8個
ビーフシチュー…適量
にんじん…適量
玉ねぎ…適量
キャベツ…適量
ご飯…好きなだけ

つくり方

一、冷凍のミートボールの場合は先に解凍。
二、ミートボールを、ビーフシチューのルウで煮る。余ったシチューがあればそれでOK。
三、細かく刻んだにんじんと玉ねぎを入れさらに煮込む。
四、ご飯の上にキャベツを敷き、そこにシチューをかければ完成。

Zさんメモ 玉ねぎとにんじんは火を通しすぎずシャキシャキとした食感を残す。キャベツも敷いて栄養素もたっぷり。

Meatballs Bowl with Cheese

ミートボールチーズ牛丼

ブロッコリーがあるだけで逸品に

和風あんかけ丼でこんにゃくが大事だったのと同じで、この丼はブロッコリーが重要。なぜかブロッコリー入れるだけで引き締まるのよ。別に隠語じゃないぞ、普通の茹でブロッコリーな。

材料

ミートボール（味付き）…5個
ミックスチーズ…ひとつまみ程度
卵…1個
ブロッコリー…1株
コンソメ…1個
ご飯…好きなだけ

つくり方

一、レトルトの味付きミートボールを湯煎する。
二、コンソメをお湯に溶かし、ミックスチーズと卵を投入。
三、ミートボールを入れてひと煮立ち。
四、ご飯の上に乗せ、茹でたブロッコリーを添えて完成。

Zさんメモ　ただチーズを乗せるより、コンソメ味にすることで旨味が重層的になる。切った玉ねぎを入れてもいいがそこはお好みで。

25

ポークハヤシライス

サッと短く煮込めば柔らかくなる豚肉がポイント

ハヤシライスといったら普通牛肉だけど、金がない時に豚肉で試したら意外と美味かったのが、このポークハヤシライス。カレーじゃなくあえてハヤシ頼むやつってなんか通な感じするだろ、これはその先いってるからな。

材料

豚肉（バラ）…100g
玉ねぎ…1/2個
トマトピューレ…100g
ガラスープ…100cc
ハヤシライスのルウ…１かけ
ご飯…好きなだけ

つくり方

一、豚肉とくし切りにした玉ねぎを炒め、トマトピューレ瓶を丸ごと入れ煮込む。

二、ガラスープとハヤシライスのルウを入れてトロッとなるまで煮込む。

三、弱火で煮込み、いい感じに煮詰まったらご飯にかけて完成。

Zさんメモ　煮込み料理は短時間なら牛肉より豚肉の方が柔らかく仕上がる。隠し味でしょうがを少し入れてもいい。

26

Pork Ketchup Rice

ポークチャップライス

ケチャップが豚肉の旨さを最大限に引き出す

チキンチャップライスのレシピさっき紹介したよな。これはポーク、王道ってやつ。王道って奇をてらってないからこそ真剣勝負しなきゃいけない奥深さがある。まさにポークチャップってそんな味だよな。

材料

豚肉（バラ）…100g
玉ねぎ…1/4個
塩…少々
ご飯…好きなだけ
ソース
　バター…１かけ
　ケチャップ…大さじ１

つくり方

一、カットした豚バラ、玉ねぎを炒める。
二、別のフライパンで弱火でバターを溶かし、ケチャップを加え炒めてソースをつくる。
三、具にソースを混ぜ絡めたら塩で味を調整。
四、ご飯の上に乗せて完成。

Zさんメモ　ケチャップをしっかり利かせて甘味と塩味を際立たせろ。お好みで刻みにんにくを入れると、米との相性はさらに増すぞ。

味噌豚くわん丼

ゴツめのたくわんが味噌豚の甘味を引き立たせる

〝味噌豚くわん丼〟。恥ずかしいから自分で言っちまうけどよ、いわゆるオヤジギャグだよな。俺が名付けたんだっけ？ 誰かスタッフの考案かも。どちらにせよ、そのままレシピ本に載せることGOしてるわけだから、俺らもおじさんになったってことだ。味は普通に美味いよ。

Zさんメモ　味噌は最後の方に入れないと焦げるので注意。肉肉しい豚とガリガリ食感のたくわんのコントラストがいい。

27

材料

豚肉（ロース）…100g
味噌…適量
甜麺醤…大さじ１
しめじ…２房
ほうれん草…1/4束
たくわん…適量
ご飯…好きなだけ

つくり方

一、豚ロース肉に味噌を塗り込み、フライパンで炒める。
二、甜麺醤で味付けし、そこに茹でたしめじを入れる。
三、ご飯の上に乗せ、茹でたほうれん草を彩りに添える。
四、最後に切ったたくわんを乗せて完成。塩気が強いのが好きならたくわん多めにガツっと！

Miso-Mayonnaise Grilled Pork Bowl

28

味噌マヨ豚丼

タレを2度漬けしてしっかり味を馴染ませろ

豚肉のアレンジって正直無限大だよな。味噌、マヨ、ケチャップ、なんでも美味いし安い。物価高でみんなも大変だろ。毎週炊き出しやってる俺らも大変なんだよ。そんな時に助かるのが豚丼ってことでアレンジレシピ。

材料

豚肉（もも）…100g
玉ねぎ…1/2個
酒…小さじ1
にんにく醤油たれ…小さじ1
たくわん…適量
ご飯…好きなだけ
タレ
　味噌…大さじ1
　マヨネーズ…大さじ2

つくり方

一、豚肉と玉ねぎを酒で炒め、にんにく醤油たれで味付けする。
二、味噌とマヨネーズを混ぜ合わせたタレを半分入れて焼く。
三、焼き上がったらご飯の上に乗せ、先ほど残しておいた味噌マヨの残りを上からかける。
四、刻んだたくわんをお好みの量乗せて完成。

Zさんメモ 薄い豚バラ肉の方が火の通りも早いし味もしっかり付くからオススメ。米が止まらない。

29

Pork Ginger Bowl

しょうが焼き豚丼

しょうが感強めで米が止まらない魅惑の味付け

米が進む料理の順位って難しいよな。俺の中ではしょうが焼き定食って、けっこう上位なんだけどみんなは？ そんな定食を丼にまとめたのがこれ。キャベツって何気に重要だと思うんだ。ないと味気ないだろ。

材料

豚肉（ロース）…100g
玉ねぎ…1/2個
キャベツ…適量
マヨネーズ…適量
ご飯…好きなだけ
タレ
- 醤油…大さじ1
- 酒…大さじ1
- みりん…大さじ1
- 塩…適量
- おろししょうが…大さじ1～2（お好みで）

つくり方

一、豚肉と玉ねぎを炒める。
二、調味料を合わせてタレをつくり加え、さらに炒める。
三、ご飯に乗せて完成。
四、お好みでキャベツの千切りとマヨネーズをトッピング。

Zさんメモ　時間があるならタレに豚肉を漬け込むと味が染みる。味を絡ませるには薄めにカットした肉がベター。

30

Green Onion-Miso Pork Bowl

ねぎ味噌豚丼

出汁を入れてお茶漬けにしても美味い！

炊き出しってさ、毎週同じの出してたら飽きられるわけ。金もらってるわけじゃないけど、毎週ただのカレーとか牛丼じゃ芸がない。豚丼ってちょっと互夫すればこんなに美味くなる。味噌だけは家に常備しとけ。

材料

- 豚肉（もも）…100g
- ねぎ…1/3本
- 味噌…大さじ2
- 塩コショウ…少々
- ゴマ…適量
- ご飯…好きなだけ

つくり方

一、豚肉を炒め、そこに味噌を入れる。
二、細かく刻んだねぎを加え炒める。
三、味付けは塩コショウで整える。
四、ご飯に乗せて完成。
五、仕上げに刻みねぎ、味噌、ゴマを散らして。

Zさんメモ　刻んだねぎと最後にちょっと乗せた追い味噌がいい味を出す。出汁を入れてお茶漬けにしても最高だ。

31

ねぎ塩豚丼

シンプルだが旨味の破壊力がすごい！

Green Onion-Salt Pork Bowl

おい何個あるんだよ豚丼。さすがに書くこともなくなってきたぜ。あ、でもこれは塩味だ。塩は初じゃない？ ラーメン屋で醤油、味噌、塩があったら塩選ぶことって稀だよな。でもたまーに食いたくなるんだよな、塩。

材料

豚肉（バラ）…100g
ねぎ…１本
胡麻油…大さじ２
おろしにんにく…小さじ１
白ゴマ…小さじ１
塩…少々
ガラスープの素…小さじ１
ご飯…好きなだけ

つくり方

一、豚肉を炒める。
二、胡麻油、にんにくを入れ、ガラスープと塩で味を調整。
三、肉に火が通ったら斜め切りにしたねぎを加え軽く炒める。
四、ご飯に乗せ、最後に白ゴマを振って完成。

Zさんメモ　ねぎ塩の旨味の破壊力がすごい。味付けがシンプルなぶん、ラー油をかけて辛口にしたり調味料で味変も楽しめる。

其の弐

料理のこだわり

正直そこまでこだわり強くないと思う。

食べられればいいとかではないけど、なんというか自炊したメシを人に見せるために写真を撮ったりもしないし、美味しくはつくるけど映えまでは気にしていないというか。

料理系の投稿や動画でめちゃくちゃ稼げたりするんだったらそこらへんも気にすると思うんだけど、そういうのないからな現状。

いや、何年か前にはやってたか。

#Zキッチンってハッシュタグで色々やってたの思い出した。

しかし、そのアカウントはもうない。理由は凍結したから。

頭がおかしいやつに、経営する保護猫カフェを放火予告されて、乗り込んで嫌がらせすると言われたんだ。

たしか俺は「そんな事をしたら頭をかち割るぞ」と牽制したんだよね。

だって猫たちには何の罪もなく、過酷な環境から保護されたり、元飼い主と死別したりで保護されてそこにいるというのに、どうしてそんな事をされないといけないんだよ?

俺は絶対にそんな事をされたくなかった。脅かしたら来ないでくれると思った。

それで頭をかち割るだなんだっていう投稿をしたら「強烈な身体

保護猫たちに癒される「BAKENEKO CAFE」。
テラス席ではオリジナルメニューも堪能できる

的脅迫」というカテゴリで違反になりアカウント永久凍結したんだ。

でも結局そいつはカフェに来なかったから別にいい。頭かち割るぞって言ってよかったなって思ってる。本当に来ていたらかち割っていたかもしれないけど、それも別にいいって思う。

まあそういう流れで、元投稿はもう二度と見る事は叶わないが、今Xでそのハッシュタグを見ると、真似してつくってくれた皆さんの投稿がたくさんあるから興味がある読者は是非チェックしてみてほしい。

貧乏メシというか工夫系が好きなんだろうな。小麦粉なしでお好み焼きをつくったり、蒲焼さん太郎で天丼をつくったりしてた。結構バズってた記憶があるよ。

あの頃に凍結せず、#Zキッチンを継続していたら、もっと早くにレシピ本が出せていたかもね。でも時計の針は左には進まないよね。人間だもの。ぜっと。■

美味しくはつくるけど 映えまでは気にしない

第三章

中華めし

新宿租界オリジナル

32

中華丼

ガラスープのコクが利いた
シャキシャキ野菜が絶品
強火で攻めろ！

Twitterを始めた当初、
俺のことを中国人だと
思ってるやつが結構いたな。
日本人だけど中華は大好きだぜ。
中華の基本は火を通すこと。
食中毒厳禁な炊き出しに
とって中華料理は心強い。

材料

豚肉（バラ）…100g
白菜…1/4個
にんじん…1/4本
玉ねぎ…1/4個
うずらの卵…5～6個
ガラスープの素…小さじ2
片栗粉…適量
塩コショウ…少々
ご飯…好きなだけ

つくり方

一、豚肉とカットした野菜を炒める。
二、十分火が通ったらガラスープの素を入れ、塩コショウで味を整える。
三、水溶き片栗粉を入れとろみをつけ、あんかけにする。
四、ご飯にかけ、うずらの玉子を乗せて完成。

Zさんメモ　ガラスープを強めにすると塩が少なくてすむ。うずらはたっぷり入れるとアクセントついて良い。野菜はなんでもOK！

Chin-Jaga-Rosu Bowl

33

チンジャガロース丼

じゃがいものシャキシャキ食感はたけのこ以上

たけのこをじゃがいもで代用してるからチンジャオロースじゃなく、チンジャガロース。たけのこよりじゃがいもの方が手に入りやすいからなんだけど、実際味もいいんだ、驚くよな。料理はチャレンジ、失敗を恐れるな。

材料

豚肉（もも）…100g
ピーマン…２個
じゃがいも…１個
にんにく醤油たれ…小さじ２
酒…小さじ２
ご飯…好きなだけ

つくり方

一、 ピーマンとじゃがいもを縦に細切りにして油で炒める。
二、 豚肉を細かく切り別のフライパンで炒め、酒とにんにく醤油たれで味付け。
三、 よく焼けたら２つを合わせ、さっと混ぜたらご飯に乗せて完成。

Zさんメモ シャキシャキのじゃがいもの食感はたけのこに負けていない。薄く板状にカットするのがポイント。

34

チンジャオロース風 ホイコーロー丼

キャベツとピーマンは食感重視で大きめに

Chinjao Rosu style Twice-cooked Pork Bowl

ピーマン嫌いな人はなんとか克服してほしい。ホイコーローはピーマンが命って歌舞伎町の中華屋のオヤジが昔言ってた気がする。米は当然として酒にも合うぞ。レモンサワー飲みたくなるだろ。

材料

豚肉（もも）…100g
キャベツ…1/8個
玉ねぎ…1/8個
ピーマン…２個
酒…適量
ガラスープの素…小さじ１
おろしにんにく…適量
甜麺醤…大さじ２
ご飯…好きなだけ

つくり方

一、油を引いたフライパンで豚肉をよく炒める。
二、切ったキャベツ、玉ねぎ、ピーマンと酒を加え炒める。
三、ガラスープの素と甜麺醤、おろしにんにくを入れご飯に乗せて完成。

Zさんメモ　甜麺醤とにんにくでガッツリ、男らしい濃い味に。野菜はゴツめにカットして歯応えを大事にしたい。

Melting Egg Fried Rice

35

とろとろ玉子チャーハン

具は自由！ チャーハンに半熟玉子を乗せるだけ

美味しんぼとか読み込んでるやつって、チャーハンは火力！ パラパラに!って思ってるかもだけど普通につくって卵かければ絶対美味いから安心しろ。卵は3つ使ってもいいくらいだな。

材料

ご飯…茶碗１杯
具…お好みで
卵…２個
万能ねぎ…適量

つくり方

一、先に溶き卵をご飯と混ぜ、フライパンで炒める。
二、シャケ切り身、かまぼこ、焼豚などお好みの具を適当に切って加え炒める。具は余りものなど家にあるもの何でもOK。缶詰などで十分。
三、よく炒まったら皿に盛り、とろとろ半熟に仕上げた玉子をかけて完成。
四、お好みで万能ねぎを散らす。

Zさんメモ 大量にとろとろ玉子をつくるコツは、まず半分炒めて、それを一度溶いた卵液に戻しさらに焼くこと。まあ１人分なら一気につくってもいいけどな。

36

シャケたくチャーハン

シャケとたくわんをぶち込み一気に炒めるべし

Salmon and Takuwan Fried Rice

中華鍋って男の憧れかもね。あのデカい鍋を振り回すには腕力いるよな。まあ結論はフライパンでいいんだけど、チャーハンくらいつくれないと男じゃないよね。シャケとたくわんはベストコンビ、オススメ。

材料

シャケ切り身…1/2
長ねぎ…1/4本
にんじん…1/4本
たくわん…適量
ガラスープの素…小さじ1
卵…1個
塩コショウ…適量
紅しょうが…適量
ご飯…茶碗1杯

つくり方

一、具材をそれぞれ細かく切っておく。
二、溶いた卵とご飯を先に混ぜフライパンで炒める。
三、切っておいた具材を加え、ガラスープの素と塩コショウで味付け。
四、皿に盛りお好みで紅しょうがを乗せて完成。

Zさんメモ 贅沢にシャケの切り身を使用。焼豚よりもさっぱりしていて食べやすい。瓶詰のシャケを使っても全然美味いが塩気が強くなりすぎないように。

麻婆豆腐ライス

大人気！新宿租界"秘伝"の麻婆のつくり方特別公開

「麻婆の素」のつくり方

材料

玉ねぎ…1/2個
ひき肉(牛・豚)…100g
おろしにんにく…適量
おろししょうが…適量
醤油…小さじ1
豆板醤…大さじ2
甜麺醤…大さじ2
ガラスープの素…適量
塩…適量
酒…60g

つくり方

一、玉ねぎに塩ひとつかみまぶす。
二、ひき肉におろしにんにくとおろししょうがを混ぜ酒を入れ5分放置。馴染んだら醤油を加える。
三、玉ねぎと肉を合わせ炒め、水分が飛んだらOK。その他調味料を加え、ここでバキバキに味を決める。
四、水を足し、適度なとろみをつける。
五、ガラスープの素を少々入れて味が柔らかくなるよう調整して完成。

Zさんメモ 豆腐は木綿の方が崩れないが味は絹の方がいい。舌触りが全然違う。味がぼやけないように水分をしっかり切ることが大事だ。

37

新宿租界風「麻婆の素」は正真正銘の秘伝レシピなんだけど、今回は本になったから教えてやるぜ。オレらは200人分を一気につくるから、出来上がりは少し違うかもしれない。多めにつくったほうが炊き出しの味に近づく。余ったら配ればいいしな。

材料

麻婆の素…
おたま1杯
豆腐…一丁
味噌…小さじ1
ねぎ…少々
片栗粉…適量
ご飯…好きなだけ

つくり方

一、麻婆の素に水200ccを加えておく。
二、豆腐を切って炒め、水分を飛ばす。豆腐は木綿、絹ごし、お好みで。
三、炒めた豆腐に麻婆の素を入れる。
四、隠し味に味噌を少々。
五、片栗粉を水に溶かして入れ、とろみをつける。
六、ねぎを入れて火を止め、余熱で仕上げる。ご飯に乗せて完成。

Mapo Eggplant Rice

38

麻婆茄子ライス

たっぷりの油で焼いたなすに麻婆が染みわたる

麻婆の素を流用すれば麻婆茄子や麻婆春雨など、本格的中華がつくれる。
美味さの秘密を教えてやろうか？ ビビらずに調味料をぶち込むこと。
俺たちはなんたって体が資本だ。しっかり米を食える味に仕上げるべし。

材料

麻婆の素…おたま１杯
なす…２本
片栗粉…適量
ねぎ…適量
ご飯…好きなだけ

つくり方

一、切ったなすを強火で、油多めで炒める。
二、p66でつくった麻婆の素を加えさらに炒める。
三、味を確かめながら水を適量入れる。
四、片栗粉でとろみをつけ、お好みでねぎを入れる。
五、ご飯に乗せて完成。

Zさんメモ なすはたっぷりの油で揚げ焼きに。それだけでメシ食えるくらいに旨味が出る。麻婆の味を吸わせれば最強のおかずだ。

39

Chives and Eggs Bowl

ニラ玉丼

健康食品ニラでパワー出してこうぜ！

ニラって高血圧や肝臓に効果あるんだって。だからってわけじゃないが、丸々1本を使ってニラ玉をつくってみたぜ。これから年末年始、肝臓を酷使する季節がくるよな。ニラでも食って頑張ろうぜ。

材料

ひき肉(牛・豚)…100g
ニラ…１本
卵…２個
玉ねぎ…適量
中華スープの素…適量
塩コショウ…少々
ご飯…好きなだけ

つくり方

一、ニラを切りひき肉と一緒に炒める
二、中華スープの素を入れ味を整えて、塩コショウをお好みで振る。
三、火が通ったら溶いた卵でとじる。溶き卵に少し水を入れふんわりさせるのがポイント。
四、ご飯の上に乗せ完成。

Zさんメモ 中華スープの素を入れれば本場の味っぽくなる。ご飯の余熱で火が通るので、卵は半熟を心がけて。

第四章

麺

かんたん!激うま!

40

ソース焼きそば

どこか懐かしい
昔食ったあの味を
完全再現した

コラムにも書いたが、
焼きそばってなんか
思い出に残るよな。
祭りの屋台だったり、
なけなしの金で買った
ペヤングとかな。
ガキの頃、
友達の家に行ったら
そいつの母ちゃんが
つくってくれたり。
人にはそれぞれ思い出
のソース焼きそばが
あるってことよ。

材料

豚肉（バラ）…100g
キャベツ…1/4個
焼きそば麺…１玉
紅しょうが…少々
天かす…少々

つくり方

一、豚肉、キャベツをカットし炒める。
二、焼きそばの麺に水を足しながら炒める。
三、焼きそばに付属のソースで味をつけ炒める。
四、お好みで紅しょうがと天かすを乗せて完成。

Zさんメモ　いろんな野菜を入れてもいいが水分が出るからキャベツと豚で十分。天かすと紅しょうがは絶対忘れんな。

Stir-Fried Noodles with Bean Sprout Sauce

41

もやしあんかけ焼きそば

にんにくの利いた熱々あんかけを麺にオン

あんかけと言えば、もやし肉そぼろって俺だけ？
居酒屋メニューでも最強じゃない？ 絶対美味いからこれはゆずれない。
そんなあんかけを焼きそばにかければ、そりゃ美味いって話。

材料

ひき肉（牛・豚）…100g
もやし…1/3袋
焼きそば麺…１玉
にんにく醤油たれ…大さじ１
片栗粉…適量
万能ねぎ…適量

つくり方

一、ひき肉を炒め、にんにく醤油たれで味付け。
二、もやしを入れて味を調整し水溶き片栗粉を回し入れあんをつくる。
三、麺を別で茹でて（焼いてもOK）、皿に盛る。
四、麺にあんをかけ、最後にねぎを散らして完成。

Zさんメモ 麺と合うように、にんにく強めはマスト。麺は焼いてパリパリにしてもあんかけに合う。寒い時期にぜひ。

42

海鮮塩焼きそば

Seafood Salt Fried Noodles

まるで高級中華だが食材費は激安

シーフードミックスは大活躍だな。材料はキャベツと麺とシーフードミックスだから、原価はかなり安いはず。創味の塩たれがあればそれでいいし、なければスーパーで売ってるなんかで代用してくれ。正解はないからな。

材料

シーフードミックス…1/3袋
キャベツ…1/4個
焼きそば麺…１玉
塩たれ…大さじ１～２

つくり方

一、焼きそば用の麺を水を足しながら炒める。
二、さくり切りキャベツをたっぷり加えて炒める。
三、解凍したシーフードミックスを合わせ炒める。
四、最後の仕上げに「創味の塩たれ」を味を確かめながら入れ完成。

Zさんメモ　塩たれだけで味が決まらない場合は、最後にガラスープを入れてもいい。海鮮の旨味とチキンの旨味が合体。

Sara Udon with Lots of Ingredients

43

具だくさん皿うどん

たっぷりの具にパリパリ食感の麺で気分は長崎！

リンガーハットの長崎皿うどんって麺がパリパリで美味いよな。それを再現してみたんだがどうだ？ 皿うどんの麺はマルタイのとかがそのまま使えて便利。東日本の人はネットで買えるぞ。

材料

皿うどん…１玉
シーフードミックス…1/3袋
豚肉（バラ）…100g
にんじん…1/3本
キャベツ…1/8個
もやし…1/3袋
しめじ…適量
玉ねぎ…1/4個
うずらの卵…４～５個

つくり方

一、豚肉、シーフードミックス、カットした野菜を炒める。具材は何でもよし！ とにかく多めにぶち込めば美味くなる。

二、市販の皿うどん付属のスープを水に溶き、具材を入れてあんをつくる。

三、皿うどんの麺の上にあんをかけて完成。

Zさんメモ 基本はシーフードミックスと豚バラ。そこに好みで野菜やきのこ、うずらを入れてけ。本場っぽくかまぼこ入れてもアリ。

44

Seafood Salt Fried Udon

海鮮塩焼きうどん

バターとガラスープで仕上げる豪華うどん

業務スーパーなら5玉で100円くらいで売ってる冷凍うどん。
安くて美味いメシをつくらなければいけない俺らにはありがたい存在だ。
バカの一つ覚えみたいにこれもシーフードミックスを使用。それでいい。

材料

うどん…1玉
キャベツ…1/8個
シーフードミックス…1/3袋
バター…1かけ
ガラスープの素…小さじ2
塩…少々

つくり方

一、油を引いたフライパンでシーフードミックスとさく切りにしたキャベツを炒める。
二、バターとガラスープを加える。
三、味を確かめながら水を適量入れて調整。
四、うどんを入れて炒め、味を馴染ませる。
五、最後に塩で味を調整し仕上げて完成。

Zさんメモ ポイントはバター。適度なオイリーさとガラスープの旨味で食べ応え十分な一皿が完成する。

Garlic-Pork Fried Udon

45

豚にんにく焼きうどん

にんにくのパンチ力を受けとめるうどんの力強さ

調味料のページ見て貰えばわかるけど、にんにく醤油たれは炊き出し料理の生命線みたいなとこある。これ本用にちゃんと豚肉入れてるけど、なんなら肉抜きキャベツだけでも美味いと思うぞ。

材料

うどん…1玉
豚肉（バラ）…100g
キャベツ…1/8個
にんにくスライス…1個分
にんにく醤油たれ…小さじ2～3

つくり方

一、フライパンに油を引きスライスにんにくを焼いて風味を出す。
二、豚肉とざく切りキャベツを加え炒める。
三、うどんを入れ、にんにく醤油たれで味付けし炒め合わせ完成。

Zさんメモ　焼きそばの麺だとにんにくのパンチ力に負けてしまうので、どっしりしたうどんがオススメ。スライスにんにくも足しちまったくらいだ。

46

Cream Stew Udon

クリームシチューうどん

冬の人気メニューにうどんを投入するだけ

仕込みのページで読んでもらった通り、シチューは冬の人気メニューだ。そのシチューにうどんを入れれば完成。鍋のシメじゃないけど、汁物に最後麺を投入するのって犯罪的な美味さだよな。

材料

うどん…１玉
鶏肉（もも）…100g
じゃがいも…1/2個
玉ねぎ…1/2個
にんじん…1/3個
コーン…１缶
牛乳…100cc
クリームシチューのルウ…１かけ

つくり方

一、野菜をお好みの大きさにカットし、レンチンまたは茹でて下準備をしておく。
二、鶏肉を炒め、焼き目がついたら牛乳とシチューのルウを入れ、水を足して味を調整。
三、野菜を加え煮立たせ、少し水分を飛ばす。
四、煮詰まったらうどんを入れて混ぜ合わせ、最後にコーンを入れて完成。

Zさんメモ　ボリュームたっぷりで栄養もとれるし腹にもたまる。シチューはご飯のおかずになるか論争あるけど、うどんはガチで合う。異論は認めない。

其の参

思い出に残る味

結論からになっちまうけど、結局はシチュエーションってやつじゃないか？

高そうな鮨ばっかりインスタグラムでキラキラさせてる港区女子にしたって、味なんて結局覚えてねえんだろって思うよ。

まあ食べログの点数高いお店、俺もそれなりに行くけどね。

でも予約困難店だろうがなんだろうが、それが人生の中で強烈な思い出になるかって言われると、少なくとも俺はそうではないな。

ボロ雑巾みてえにやられて、公園で顔を洗った後にコンビニ駐車場で仲間と並んで食べた日清カップヌードルシーフードとかのほうがよく覚えてるよ。

使ったらいけない金で勝負して、光熱費どうしようかなと思いながら先輩に奢ってもらったＷＩＮＳのモツ煮込みとかね。

学校休んでチャリ２ケツして、隣の区へ行った先のコンビニ駐車場で食べたペヤングとかさ。

好きな子と靖国神社のみたままつりへ行って、屋台で買って食べたマヨネーズべちゃべちゃにしたジャンボたこ焼きとかね。

なんかこう書き並べてみると全部屋外で食ったものだな。

俺って、もしかしてストリート？　なんつってな。

〝なんつって〟なんて書くのは当たり前に俺がおじさんである事の証左な訳だが、そんなおじさんだからこそ昔の事が輝いて見えるのかもしれない。

ＰＨＳは地下鉄でも電波が入りやすい。

東京テレメッセージは※２※２を最初に入れる。

コンビニの駐車場で食ったカップヌードル、先輩に奢ってもらった馬券売り場のモツ煮…

安室ちゃんはSAMと結婚する時にバーバリー着てた。
身内の原チャリ直結したやつは死刑。
だからなんだって話なんだけど、そんな頃に毎日仲間と遊んでいた日々はPrecious Memoriesであり、マークパンサーとKEIKOは付き合ってるんじゃないかって思ってたんだ。小室さん1億円くれねえかなと思ってポケットのジャリ銭を数えていた。

　最近、1年が経つのめちゃくちゃ早いもんな。

　昔は夏休みがとんでもなく長く感じたもんだけど、今は1カ月なんて一瞬だよ。

　1日を噛みしめるように生きていたあの頃、そんな時代に数々の思い出とともに喉を通ったものが一番の思い出メシだろう。

　たとえ、それが百円の菓子パンであってもだ。■

染みる顔で仲間と食ったシーフードは一生の思い出

第五章

おかず

めしによし、つまみによし

47

ジャーマンマヨ

にんにく風味マヨで
米にもビールにも合う
ジャンクに決めた味わい

ジャーマンポテトっていうから
ドイツの食いもんだと
思ったら、ドイツにはそんな
メニューないらしいぜ。
たぶんウインナーと
じゃがいもだから
"ジャーマン"て名付け
たんだろうな。
マヨはたっぷりいけ！

材料

じゃがいも…１個
ウインナー…５〜６本
タレ
　マヨネーズ…大さじ１
　にんにく醤油たれ…小さじ２

つくり方

一、じゃがいもとウインナーを適当な大きさにゴロゴロと切り、油で炒める。

二、マヨネーズとにんにく醤油たれを混ぜてタレをつくり、焼き上がった具にたっぷりとかけて完成。

Zさんメモ　マヨネーズににんにく醤油たれを混ぜてジャンクな味に。これくらい味濃い方がおかずにはぴったりだ。酒飲みはこれでビールを飲め。

German Potato

48

ジャーマンポテト

純・和風なドイツ風料理。一度食べたら病みつき

これ前のページと同じと思うだろ？ マヨがないから味付け違うんだよ、甘く見ないでくれ。醤油をかけるんだが、それってジャーマン？ て思うだろ。でもドイツにはないからこれでいいんだよ。

材料

じゃがいも…１個
玉ねぎ…1/2個
ピーマン…１個
ウインナー…５～６本
塩コショウ…適量
バター…１かけ
醤油…小さじ１

つくり方

一、それぞれの具材をお好みの大きさにカットしバターで炒める。
二、塩コショウで味を整え、しっかりと味付け。
三、火が通ったら最後に醤油をかけて風味付けして完成。

Zさんメモ とりあえずバター入れときゃこの手の料理は美味いよ。バター高いけどそこは辛抱だな。

49

Wiener Potato Ketchup

ウインナーじゃがチャップ

ナポリタンぽい昭和を感じるケチャップ味

なんかナポリタンぽいよね。ナポリタンもイタリアにないんだろ？
昭和の日本人て海外旅行が一般的じゃないのをいいことに、
さも本場っぽい名前つけるのうまいよな。ケチャップはケチるな、以上。

材料

じゃがいも…１個
ウインナー…３本
にんじん…1/4本
バター…１かけ
ケチャップ…大さじ１
塩コショウ…少々

つくり方

一、それぞれの具材をお好みの大きさにカットしバターで炒める。

二、火が通ったらケチャップで味付けし、サッと混ぜ合わせたら完成。

三、お好みで塩コショウを振る。

Zさんメモ お好みで粉チーズやタバスコを。そんなところもナポリタンっぽい、昭和の喫茶店みたいな味に。

50

ウインジャオロース

細切り肉をウインナーに変換した新感覚中華

これあれだ。写真をXに上げたら名前間違えてるって言われたやつだ。ローが肉だからロースは変なんだって。チンジャオウインナースにしようと思ったけど、やっぱ響きがいいからこれでいいだろ。

材料

ウインナー…5～6本
玉ねぎ…1/4個
ピーマン…2個
ガラスープの素…大さじ1
おろしにんにく…大さじ1
おろししょうが…大さじ1
ごま油…適量
甜麺醤…小さじ1
醤油…小さじ1

つくり方

一、ウインナーとピーマンを縦に細く切る。玉ねぎも小さくカット。

二、切った具材をごま油で炒める。

三、ガラスープ、にんにく、しょうがを加えて味付けする。

四、最後に甜麺醤と醤油で仕上げて完成。

Zさんメモ
チンジャオロースに寄せるならたけのこ入れてもいい。しかし食材費考えたら玉ねぎでも十分。かなり美味いぞ。

51

Stir-Fried Vegetables

野菜炒め

オヤジさんの町中華リスペクトの逸品

最近は流行りっぽくなっちまったけど、町中華って好きなんだよな。
黙々と料理をつくる年老いた店主の背中に、なにかリスペクトを
感じてしまう。そんなオヤジさんの味に近づけた野菜炒め。近づけたかな。

材料

豚肉（バラ）…200g
にんじん…1/4本
白菜…1/3玉
玉ねぎ…1/4個
もやし…ひとつかみ
塩コショウ…適量
味覇…小さじ２

つくり方

一、野菜をざく切りにし、油で炒める。
二、食べやすい大きさにカットした豚肉を炒め、野菜と合わせる。
三、味覇（ウェイパー）もしくは中華スープの素と塩コショウで味を決めて炒まったら完成。
四、ご飯が進むよう濃いめの味付けで！

Zさんメモ　油は多めに使ってザッと一気に火を通していく。味覇か中華スープの素をしっかりと入れて、塩コショウで味を決めてくれ。

茄子から弁当 feat. わせ弁

早稲田の伝説のソウルフードを完全再現

Zさんメモ 茄子炒めとから揚げの組み合わせが最強。しかしオリジナルの美味さに近づくのは難しい。きっと秘伝レシピがあるに違いない。

第五章

おかず

52

Fried Eggplant and Chicken feat.Waseben

以前炊き出しに出させていただいた早稲田の伝説とも言われる通称「わせ弁」。
その人気メニュー、茄子から弁当を再現してみた。早稲田民のソウルフードというのも
わかる組み合わせの妙。もちろんこれは再現だから「わせ弁」に本物買いに行ってくれ。

材料

鶏肉（むね）…200g
にんにく醤油たれ…適量
小麦粉、片栗粉…適量
なす…１本
キャベツ…適量
マヨネーズ…適量
ご飯…好きなだけ

つくり方

一、大きめに切った鶏肉をにんにく醤油たれで揉み込んで下味をつける。
二、小麦粉、片栗粉をまぶす（少なめでOK）。
三、フライパンで多めの油で揚げ焼きにする。
四、なすは輪切りにして、塩を振り炒める。
五、鶏肉にしっかり火が通ったらご飯に乗せ完成。
六、お好みでキャベツとマヨネーズを添えて。

53

肉じゃが

ホクホクのじゃがいもに出汁の旨味がすべて凝縮

日本人ならみんな大好きな肉じゃが。昔は「彼女につくってもらったら嬉しい料理」なんて言ったもんだが、もうそんな時代じゃない。むしろ男がつくって女の子に食べさせてやれ。モテるかもよ。

材料

豚肉（バラ）…100g
じゃがいも…２個
にんじん…1/2本
玉ねぎ…1/2個
ねぎ…適量
だし汁
- 水…400cc
- 酒…大さじ１
- みりん…大さじ１
- だしの素…小さじ１
- 醤油…大さじ２

つくり方

一、豚バラを３センチほどにカットし炒める。
二、カットした野菜を加え、焼き目がつくまで炒める。
三、調味料を混ぜ合わせただし汁で煮込む。
四、10 ～ 15分ほど煮込み、じゃがいもに串が通るくらい火が通っていれば完成。
五、お好みでねぎを散らす。

Zさんメモ　肉じゃがに使う肉は豚か牛かで論争があるが、東京生まれの俺は豚派。まあそこは好みでいいよな。

54

Radish and Konnyaku Steak

大根とこんにゃくのステーキ

罪悪感ゼロ。ただの代用品でない感動する美味さ

昔はいくらでも焼肉やステーキ食えたもんだが、最近はキツい。そんなお父さんたちにはこれだな。こんにゃくってこんなに美味いんだって感動するから、マジメに。どんだけ食ってもカロリーゼロってことで。

材料

- 大根…1/4本
- こんにゃく…1/2個
- バター…1かけ
- 青ねぎ…少々
- かば焼きのタレ
  - 砂糖…大さじ1
  - 醤油…大さじ2
  - みりん…大さじ2
  - だしの素…小さじ1

つくり方

一、 大根を分厚く輪切りにして30分ほど煮る。

二、 大根が柔らかくなったらステーキ状に切ったこんにゃくとともにバターで焼く。

三、 調味料を混ぜ合わせ、かば焼きのタレをつくる。味を見ながらお好みに調整。

四、 焼き目がついたら皿に盛り、かば焼きのタレをかける。

五、 最後に青ねぎを散らせば完成。

Zさんメモ 大根は包丁で切れ目を入れしっかり下茹で。しっかりとタレを絡ませればちゃんとメインのおかずになる。もし出家したら毎日これでいいかも。

55

鶏肉団子ごぼう

主役はごぼう！ 噛めばジュワっと出汁がにじむ

戦時中にオーストラリア人捕虜がごぼうを食って「木の根を食わされてる」って問題になったんだって。確かに彼らにとっては木に見えるかもだけど、こんなに美味いものないよね。てことでこの料理の主役はごぼう。

材料

市販の鶏団子…10個
ごぼう…1/5本
にんじん…1/5本
長ねぎ…適量
九条ねぎ…適量
卵…１個
かば焼きのタレ…少々
だし汁
　水…1000cc
　だしの素…小さじ２
　醤油…大さじ１

つくり方

一、水1000ccにだしの素と醤油を入れてだし汁をつくる。
二、鶏団子とカットした具材をだし汁で煮る。
三、p89でつくったかば焼きのタレをかける（市販のものでも可）。
四、器に盛り、炒り玉子と刻んだねぎを乗せて完成。

Zさんメモ 鶏の旨味や出汁がすべて染みたごぼうは最強の美味さ。たぶん戦時中は下処理が足りず固かったんじゃないかな？ 食感が失われない程度に煮るのが大事。

56

Beef Steak with Tofu

ステーキ肉豆腐

タンパク質バリバリ摂取できる豪華な一皿

ステーキ用の厚切り肉を豪華に豆腐に乗せちまえ。こういうのは勢いだな。人生勢いが大事な時もある。その進む方向を間違えちゃいけないけど、これは間違えてない。タンパク質もバリバリで戦う男にピッタリだ。

材料

牛肉（ステーキ用）…100g
豆腐…１丁
甜麺醤…小さじ２
にんにく醤油たれ…小さじ１
万能ねぎ…適量

つくり方

一、ステーキ肉をお好みの硬さに焼き、冷奴の上に乗せる（豆腐はお好みで温めても）。
二、甜麺醤ににんにく醤油たれを混ぜ、かける。
三、ねぎを乗せて完成。

Zさんメモ 肉豆腐といえばそぼろ肉をあんかけにしてかけるイメージだが、それより簡単にできるのがいい。スーパーで肉が安売りしてる時にでも挑戦してくれ。

第六章

汁

心に沁みるこの一杯

57

豚汁

寒い季節に食べたい
熱々の汁が嬉しい一杯
具だくさんで元気が出る

豚汁は炊き出しに欠かせないよな。食った豚汁の数だけ物語があるんじゃないかってね。うちの炊き出しはつくりたてで運ぶから温かいんだよ。それが大事だと思ってる。温かい豚汁すすって少しでも元気になってくれればそれでいいんだ。

材料

豚肉（バラ）…100g
里芋…2個
にんじん…1/2本
玉ねぎ…1/2個
ごぼう…1/4本
大根…1/4本
ねぎ…適量
こんにゃく…1/4個
だしの素…小さじ2
味噌…適量

つくり方

一、具材をそれぞれカットして炒める。
二、水1000ccとだしの素を入れ煮込む。浮いてきたアクは必ず取ること。
三、10分ほど煮込み、最後に味噌を加え味を整え完成。

Zさんメモ 豚と葉物、根菜。この組み合わせが鉄板。ここではねぎ使ってるけどキャベツもいい。さつまいもでも甘味が出てアリ。寒い時期はこれさえあれば大丈夫。

Mushroom Soup with Chicken Balls

58

鶏団子きのこ汁

きのこの尋常じゃない旨味エキスを堪能せよ

鶏の旨味ときのこの旨味がたまらないって、けっこう評判いいんだよね。
味噌入ってるんだけど、味噌汁というよりスープに近いのかも。
しかし鶏団子って有能だよな。この本で出てきたの何回目？

材料

鶏団子…10個
しめじ…１パック
えのき…１パック
だしの素…小さじ２
味噌…適量
ねぎ…少々

つくり方

一、水500ccでだしの素を溶き、市販の鶏団子とカットした具材を入れ煮るだけ。炒める必要なし。
二、よく煮えたら味噌を加え味を確かめて、最後にお好みでねぎを加えて完成。

Zさんメモ　きのこは色んな種類を入れると食感も旨味も違って楽しい。なめ茸とかしいたけとか、何入れても鶏団子との相性がいいから試してみて。

ポトフ

最初にバターで野菜を炒めるのがポイント

ポトフなんてガキの頃食ったことあった？ 洒落た家ではあるんだろうな。
フランス語の響きに馴染みなかったが、つくってみると美味いもんだ。
これにカレールウを入れれば第一章で紹介したポトフカレーになる。

材料

- 玉ねぎ…1/2個
- じゃがいも…２個
- にんじん…1/2本
- キャベツ…1/8玉
- ウインナー…４本
- ブロッコリー…２株
- コンソメ…３個
- バター…適量
- 塩コショウ……適量

つくり方

一、切った野菜をバターで炒める。

二、水500ccを鍋に入れ、野菜の旨味が出るまでとにかく煮る（１時間ほど）。

三、コンソメを入れる。濃いめが美味い。

四、ウインナーを入れる。

五、ブロッコリーは塩を入れた湯で別に茹で、最後に加えて完成。

Zさんメモ　最初に野菜をバターで炒めるのがポイント。そこからコンソメで煮ることで風味が段違いに増す。使う野菜はなんでもいいぞ。

Stew with lots of Corn

60

コーンたっぷりシチュー

コーンの力を信じろ!

まるでシチューを食ってるのかコーンを食ってるのかわからないくらいにすべし。このレシピでは1缶全部ぶちこんでる。大丈夫だ、俺を信じろ。コーンはたくさん入れれば入れるほど美味いんだ。

材料

鶏肉(もも)…200g
玉ねぎ…1/2個
にんじん…1/4本
ブロッコリー…2株
コーン…1缶
クリームシチューのルウ…1かけ
牛乳…1/2カップ

つくり方

一、鶏肉を炒めしっかりと火を通す。
二、カットした玉ねぎ、にんじんを炒める。
三、シチューのパッケージに従ってシチューをつくる。
四、シチューにコーンと鶏肉、野菜を入れ煮込めば完成。
五、付け合わせに茹でたブロッコリーを添える。家にあるもの何でもぶち込んでOK!

Zさんメモ　甘味のあるスイートコーンをチョイス。子供の頃ってこんなに食えなかったからな。大人買いっていうか大人食い。

61

サーモンほうれん草シチュー

焼き目をつけたサーモンにほうれん草を添えて

ぶっちゃけシチュー自体は全部同じなんだけど、最後にサーモンとほうれん草乗っけると全然別の料理に見えない? まるで高級料理みたいにさ。俺のチョイスした皿の影響もあるかもしれないけどな。

材料

サーモン切り身…１枚
ほうれん草…1/3束
玉ねぎ…1/2個
クリームシチューのルウ…１かけ
牛乳…1/2カップ

つくり方

一、サーモンを焼き目がつく程度に焼く。
二、ほうれん草を茹でる。
三、市販のシチューをパッケージを確認しながらつくる。
四、カットした玉ねぎを入れしんなりしたら皿に盛り、サーモンとほうれん草を添えて完成。

Zさんメモ　煮込むと身がくずれてしまうのでサーモンは最後の仕上げで乗せるのがよい。ほうれん草も同様だがくたくたに柔らかいのが好きなら一緒に煮てしまおう。

62

パンプキンソーセージシチュー

まるでスイーツ！ かぼちゃの甘味がたまらない

秋といえばかぼちゃ。ハロウィンの時期でもあるし。ハロウィンで馬鹿騒ぎするようになったのって何年前からだっけ？ 最近は歌舞伎町でも仮装してるのいるけど、怖いお兄さんにちょっかい出さないように気をつけろよ。

材料

かぼちゃ…1/4個
玉ねぎ…1/2個
にんじん…1/4本
じゃがいも…１個
ソーセージ…３～４本
しめじ…２株
クリームシチューのルウ…１かけ
牛乳…1/2カップ

つくり方

一、カットした玉ねぎ、にんじん、じゃがいもを茹でる。
二、しめじ、ソーセージを入れさらに茹でる。
三、パッケージ通りにシチューをつくり、茹でた具材を加える。
四、別で茹でていたかぼちゃを入れ、ヘラで半分潰し、半分はそのまま残す。
五、しっかりとカボチャの旨味がシチュー全体に行き渡れば完成。

Zさんメモ　かぼちゃは煮込みすぎると形がくずれるので、適度な大きさに切って熱を通りやすく。甘味が強いので子供にも喜ばれるんじゃないか。

63

Meatball Stew

ミートボールシチュー

ポトフにシチューの素とミートボールを足せば完成

そりゃ肉の塊をドンと入れたビーフシチューの方が見栄えいいって俺もわかってるぜ。あくまで炊き出しレシピだからな。ミートボールで十分美味いって強調しておきたい。メシにぶっかける下品な食い方も全然OKだ。

材料

ポトフ…適量

ミートボール…8個

ビーフシチューのルウ…1かけ

つくり方

一、p95でつくったポトフにシチューのルウを入れる。

二、そこに市販のミートボールを加えて煮る。

三、ミートボールに火が通ったら完成。

Zさんメモ　つくり置きしたポトフにシチューのルウを入れてミートボールを足すだけ。ベースにコンソメが入ってて味が濃いのでミートボールは大量でちょうどいい。

Z李×めし Column

其の四
メシとビジネス

メシで商売している人はみんな偉いよ。

定食屋もラーメン屋もみんな偉い。

いつも、ありがとう。

お腹を空かせたあの夜に、開いていてくれてありがとう。

金がない時のポプラで、俺が死ぬほど米をパックに詰め込んでいるのを笑って見守ってくれていた、店員さんもありがとう。

まあこの資本主義の世の中で、別に経済的合理性を追求して商売している事を否定する訳でもなんでもないんだけど、なんていうかこう、そんな金金していなそうな人のメシが好きなんだよな俺は。

鮨に金粉かけて変なポーズしてＴｉｋＴｏｋに出てくる職人うぜえんだよな。

見ていて恥ずかしい気持ちになる。あれを見て喜んでるやつの気持ちもよくわからねえよな。

そんな事を言いながら俺もメシでは商売してるよ。

最近利率が一番いいのは七味唐辛子だな。

俺たちのはバードアイっつってアフリカ原産の鬼辛い唐辛子を入れた七味なんだけど、それを露店で売りさばくんだ。

口上売りというんだけど、まあ今はテキ屋やってると反社だなんだ言われる世の中だから先に言っておくと、お兄さんお姉さん、おじさんおばさんに屋台ごしに声かけて売るんだ。

今ならふたつ買うとひとつおまけだよなんつってね。

細い商売なんだけど、お祭りがある時は目標設定してこれだけは絶対に売ろうって気持ちで

露店にて祖界七味を販売。祭りなどに店を出している

やるんだ。やらせる、が正確だけど。

ちゃんとやってんのか？　声張ってねえんじゃねえか？　って発破をかけるのが俺の仕事という感じか。

テキ屋はいいよ。境内を行きかう人々から百円玉をいただいて、七味ワンパックでアガリが何百円、万能スパイスをおまけして、金持ちそうな格好をしてたら高額の開運達磨を勧めて何万円ってね。

一期一会の他人様から顔見てお金をいただいてありがとうございますって、これが商売の基本だよな。

メシの商売は自由だ。美味しいものがつくれれば、それを他人様に金銭的な価値を付けてもらえれば、極論どこに行ったたって商売ができるからな。

ほら、見な。あんな雲になりてえんだよ。

俺のテキ屋の心の師匠、寅さんもこう言っていた。

それは口上さえあれば、売り物を見つけてどこでも商売できるって自信の表れでもあると思う。

俺が店を構えずにテキ屋と通販メインでやっているのは、今後それが理由って事にしたい。書いてて思い付いただけなんだけど格好いいなと思ったから。■

美味しいものがつくれれば
どこに行ったって商売ができるからな

第七章

Z3 FOODS

これひとつで 究極の味

Zさんのスパイス

21種類のスパイスやハーブ・ヘンプシードが入ったオリジナルブレンドで、肉や魚の旨味を引き出す万能スパイス。

64

Zさんのスパイスステーキ

ハーブが効いたスパイスは香だけで最高にアガる

本当は宣伝みたいになるから嫌だったんだけど、俺がプロデュースするZ3フーズの商品使ったレシピもけっこうあるんだよ。というのもつくり方が簡単なんだ。ステーキにスパイスかけるだけとかな。

材料

ステーキ用牛肉…１枚
Ｚさんのスパイス…たっぷり
野菜…お好みで
バター…１かけ
卵…１個

つくり方

一、「Ｚさんのスパイス」を肉にたっぷり振りかけ手で揉み込み馴染ませる。
二、フライパンにバターを引き焼き上げる。バターは多めに使用するのがオススメ。焼き加減はお好みで。
三、皿に盛り、追いスパイスを振りかける。
四、茹でておいた野菜（ほうれん草、カボチャ、ブロッコリー等）と半熟卵を添えて完成。

「Z3 FOODS」とは…

Ｚ李プロデュースによるオリジナル調味料やこだわりの極上キムチなどを取り揃える食品ブランド。通販など詳細は公式サイト（z3foods.com）をチェック。

Zさんメモ　スパイスはためらわずにいっぱいかけるのが美味しくするコツ。味付けはスパイスだけでいい。嘘じゃないぜ。

Mr. Z's Spice Flavored Chicken Grill

65

チキンのZさんスパイス焼き

ビビらず大量に振りかければ肉の旨味が倍増する

まあ、ステーキと一緒だけどチキンもお付き合いいただきたい。
ガーリックやチキンパウダーが入ってて肉の旨味を引き出す効果がある。
BBQなんてスパイスかけるだけで味決まるから楽。

材料

鶏肉（もも）…１枚
Ｚさんのスパイス…たっぷり

つくり方

一、 **鶏の１枚肉にたっぷりと「Ｚさんのスパイス」をまぶし、揉み込んで馴染ませる。**

二、 **オーブンで皮がパリッとするまで片面５分ずつくらい焼く。**

三、 **最後に追いスパイスを振りかけて完成。**

Zさんメモ

まず全体によくスパイスをまぶす。これで味が決まる。パリッと焼き上がったら最後に追いスパイスして完成。

66

トリプルスパイス肉丼

牛、豚、鶏。3種の肉を食いつくせ

Triple Spice Flauored Meat Bowl

牛、豚、鶏をいっぺんに食うなんて罰当たりだよな。でもたまには、
そんなバカみたいな食い方する時も必要なんじゃないかな。
美味いもん食うて、マブいスケ抱く、そのために生まれてきとんじゃないの。

材料

牛肉（ステーキ用）…80g
豚肉（肩ロース）…80g
鶏肉（もも）…80g
卵…１個
ご飯…好きなだけ

つくり方

一、牛肉、豚肉、鶏肉、それぞれに「Ｚさんのスパイス」を振りかけて揉み込み馴染ませる。
二、フライパンでしっかりグリルする。
三、お好みで塩コショウを追加し味を整えてご飯の上に乗せる。
四、ゆで卵を乗せて完成。

Ｚさんメモ　スパイスだけで十分味は決まるが、汁気が欲しい場合はにんにく醤油たれを少し使ってもいい。ゆで卵じゃなく生卵でもいい。

67

Mr. Z's Curry Spice Flavored Devil Egg

Zさんのカレースパイス悪魔たまご

かければかけるほどハマる魅惑のゆで卵

Z3のスパイスにはヘンプシードが入っているが、もちろん合法だから安心してくれ。このカレースパイスも人気なんだよな。
どんだけ怠け者でもゆで卵はつくれるよな。あとは振りかけるだけだ。

材料

卵…3個
Zさんのカレースパイス…たっぷり

つくり方

一、ゆで卵に「Zさんのカレースパイス」を振りかけるだけ。
二、かければかけるほど美味くなる！

16種類のスパイスやハーブ・ヘンプシードが入ったオリジナルブレンド。 旨味が濃縮されたカレー風味の万能スパイス。

Zさんのカレースパイス

Zさんメモ 嘘！というほどスパイスをかければかけるほど美味くなる。激辛ではないので心配するな。

68

豚肉のZさんのカレースパイスグリル

肉の脂と爽やかなハーブが奇跡のフュージョン

Mr. Z's Curry Spice Flavored Pork Grill

焼いた豚のブロック肉をスパイスのみで調理。カレーってなんで美味いんだろう。なんなら、このスパイスをレトルトカレーにかけてみ、飛ぶから。気分は南インドかスリランカ。

材料

豚肉（肩ロース）…１枚
Ｚさんのカレースパイス…たっぷり
野菜…お好みで

つくり方

一、豚のブロック肉に「Ｚさんのカレースパイス」をしっかり馴染ませ、揉み込む。
二、オーブンで片面15分ずつじっくりと弱火で焼き、中までしっかり火を通す。
三、焼き上がったら皿に盛り、追いスパイスを振りかける。
四、お好みで茹でた野菜（にんじん、えのき、コーン等）を添えて完成。

Ｚさんメモ 肉は弱火でじっくり火を通す。今回はやってないが、魚のグリルにカレースパイスを振りかけても美味い。お試しあれ。

Zさんの炊き出しのたれうどん

にんにく醤油の風味がガツン！　味付けは炊き出しのたれのみ

ここまで色んなレシピを紹介してきたが、ついにここまで来た感がある。これは料理のレシピなのか？　具は入れなくていいのか？　自分自身、自問自答してしまう悩ましい料理がこれだ。なんたって炊き出しのたれしか入っていない。でも美味いんだよな。ペヤング食う時わざわざ具入れるか？　それと同じだ。

Zさんの炊き出しのたれ

味噌と醤油の風味豊かな万能おろしニンニクたれ。肉はもちろんサラダのドレッシングもこれ一本で！

Zさんメモ

超シンプルメニュー。甘めなたれは、それだけで何皿も食えちゃうほどうどんと合う。寂しい人は生卵を溶いてぶっかけて味変してもいい。

69

材料

うどん…１玉

Ｚさんの炊き出しのたれ…大さじ１～２

天かす…適量

万能ねぎ…適量

つくり方

一、「Ｚさんの炊き出しのたれ」でうどんを炒める。味付けはこれだけ！

二、焼き上がったら皿に盛り、天かすとねぎを散らせば完成。

70

Zさんの炊き出しのたれ牛丼

マジで何杯でもいけちゃう濃厚な焼き牛丼

煮るというより焼く牛丼。焼き牛丼専門店って一時期流行ったけど
今はほとんどなくなっちまったよな。人の好みは移ろいやすいけど、
この焼き牛丼はシンプルなぶん飽きはこないと思うな。

材料

牛肉（バラ）…100g
玉ねぎ…1/4個
青ねぎ…少々
Zさんの炊き出しのたれ…大さじ1
ご飯…好きなだけ

つくり方

一、 牛肉を炒め、火が通ったら切った玉ねぎを入れ、「Zさんの炊き出しのたれ」を入れ味付け。
二、 味付けはそれだけ。濃いめが好きな人はたっぷりと。
三、 ご飯に乗せ、ねぎをトッピングして完成。

Zさんメモ 味が濃いので米が進む。薬味は青ねぎ以外ならたくわん、スライスしたしょうがも抜群。辛いのが好きならお好みで七味を。

キャベ丼

しんなりと味のついたキャベツは頼もしいメシの友

健康に気つかってる人はこれだな。コンビニで売ってる袋入りキャベツとひき肉を炊き出しのたれで炒めてくれ。カットキャベツって栄養ないとか言うけど、気持ちの問題だと思うぞ。食わないよりはマシだろ。

材料

カットキャベツ…１袋
ひき肉（豚）…100g
Ｚさんの炊き出しのたれ…大さじ１
岩下の新生姜…適量
マヨネーズ…適量
ご飯…好きなだけ

つくり方

一、「Ｚさんの炊き出しのたれ」で炒めたひき肉にカットキャベツを１袋投入。

二、キャベツがしんなりするまで炒める。

三、ご飯の上に乗せ、お好みでスライスした新生姜とマヨネーズをかけて完成。

Ｚさんメモ　にんにく醤油風味にマヨネーズはベストマッチ。爽やかな新生姜をたまに挟みつつ、ガッツリと味わってくれ。

72

Zさんの野沢菜飯・きのこ飯

熱々ご飯に混ぜるだけで絶品混ぜご飯の完成

つくり方は簡単で、炊いたご飯に混ぜるだけ。実際の炊き出しにも使っている商品だが、評判はおかげ様で上々だ。問題は食べすぎちゃって太ることだな。つくりすぎたらおむすびにして近所に配ってね。

材料

Zさんの野沢菜飯・きのこ飯…1袋
ご飯…好きなだけ

つくり方

一、「Zさんの野沢菜飯」または「Zさんのきのこ飯」をホカホカご飯に混ぜれば完成！
二、おにぎりにしても美味。

ご飯に混ぜるだけであっという間に炊き込みご飯風のでき上がり。パスタに混ぜても。

Zさんの野沢菜飯 きのこ飯

Zさんメモ 難しいこと一切なし。頼むから炊飯器だけは用意してくれ。

73

Fried Rice with Mr. Z's Nozawana and Mackerel Chili Oil

Zさんの野沢菜と鯖ラー油チャーハン

ピリ辛な鯖ラー油と野沢菜が食欲を刺激しまくり

野沢菜飯ってチャーハンにしても美味いんだよな。火を通すと野沢菜の風味が増すっていうか。それに鯖ラー油を足してピリ辛にするんだが、この商品は今は終売だから好みのラー油を使って自分流にアレンジしてほしい。

材料

Ｚさんの野沢菜飯…１袋
Ｚさんの鯖ラー油…大さじ１
卵…２個
サラダ油…適量
ご飯…２合

つくり方

一、「Ｚさんの野沢菜飯」を炊いたご飯2合分に混ぜ、油を引いたフライパンで炒める。
二、「Ｚさんの鯖ラー油」大さじ１を混ぜ込む。
三、最後に溶き卵を流し入れパラパラに炒めたらピリ辛チャーハンの完成。

Ｚさんの鯖ラー油

ほぐした鯖ににんにくラー油を合わせたピリ辛の逸品。現在は終売。「鯖ラー油」がない場合はほぐした鯖とラー油と混ぜて自己流アレンジを。鯖はコンビニの焼き鯖で十分。

Ｚさんメモ 焼き鯖をほぐしてラー油（多め）と混ぜれば自己流の鯖ラー油に。コンビニの焼き鯖でも全然いける。ラー油の量は躊躇せず多めで！

74

Cold Tofu with Mr. Z's Super Spicy Chili Oil Nametake

Zさんの激辛ラー油なめ茸冷奴

脳天に突き刺さる辛さが病みつきに

この激辛ラー油なめ茸はファンが多かったが、今は新商品開発中だ。なめ茸以外にも、えのき、たけのこが入っててシャキシャキ&ねっとり食感は米とよく合う。きのこを小さく切ってラー油に漬け込んでアレンジしてくれ。

材料

豆腐…１丁

Ｚさんの激辛ラー油なめ茸…適量

つくり方

一、豆腐に「Ｚさんの激辛ラー油なめ茸」を乗せるだけ。

二、酒のつまみに最高な超簡単メニュー。

なめ茸、えのき茸、たけのこを特製の激辛ラー油で漬け込んだ人気商品だが現在は終売。「激辛ラー油なめ茸」がない場合は前出のきのこを小さく刻みなるべく辛いラー油とあえる事で代用可。

Zさんの激辛ラー油なめ茸

Zさんメモ

冷奴にラー油なめ茸を乗せるだけ。激辛というだけありかなりの刺激。自作する場合は市販のラー油に鷹の爪や花椒パウダーを混ぜると雰囲気でるはずだ。

75

Shinjuku Sokai Style Egg-Cooked Rice

新宿祖界風 たまごかけご飯

甘味と辛味が化学反応を起こし何杯でもいける

素材の暴力じゃないけど、基本的にメシってシンプルなものを最後は欲するのかもしれない。生卵の甘味と激辛なめ茸の相反するベクトルが米の上で一体となったとき、そこには食欲しか残っていない。

材料

ご飯…茶碗１杯分
卵…１個
Ｚさんの激辛ラー油なめ茸…適量
かば焼きのタレ…適量

つくり方

一、ご飯の上に生卵、「Ｚさんの激辛ラー油なめ茸」を乗せ、p38でつくった「かば焼きのタレ」をちょっと垂らせば完成。

二、おかずにも合うし、これだけでもいける！

Ｚさんメモ ぐちゃぐちゃに混ぜ合わせてもよし、卵となめ茸を交互に楽しんでもよし。ご飯は１杯じゃ絶対足りない。

Mr. Z's Super Spicy Chili Oil Nametake Bowl

76

Zさんの激辛ラー油なめ茸丼

一緒に炒めれば18禁な激辛ひき肉丼の完成

どうしても肉や魚に頼りがちだけど、きのこの旨味を舐めちゃいけないんだよな。確かに脇没かもしれないが、ある時に抜群の存在感を示す。学校や組織でもそんなやついるだろ? なめ茸がそれだな。しかもかなり尖った。

材料

ひき肉（豚）…100g
ピーマン…１個
Ｚさんの激辛ラー油なめ茸…大さじ２
ご飯…好きなだけ

つくり方

一、ひき肉にカットしたピーマンを入れ炒める。
二、「Ｚさんの激辛ラー油なめ茸」を混ぜ合わせる。味付けはそれだけでＯＫ！
三、ご飯に乗せれば完成。

Zさんメモ　なめ茸ラー油の旨味と辛味をひき肉に行き渡らせる。シャキシャキ感を大事にしたいので、ピーマンはサッと火を通せば十分だ。

77

Zさんのにんにくラー油のニラもやし

スライスにんにくの食感が抜群! ピリ辛に仕上げろ

Mr. Z's Garlic Chili Oil Flavored Chinese Chives and Bean Sprouts

すまん、これも終売したが、にんにくをラー油に漬け込んだ人気商品だ。ラーメンやご飯に乗せるだけで美味いが、調味料としてもいいアクセントになる。市販でにんにくラー油は売ってるからしばらくそれで代用してくれ。

材料

豚肉（バラ）…100g
ニラ…1/2本
もやし…1/2袋
Ｚさんのにんにくラー油…大さじ１
塩コショウ…適量

つくり方

一、豚肉を炒め塩コショウで味付け。

二、「Ｚさんのにんにくラー油」を入れ、切ったニラともやしを加えてさっと炒める。

三、皿に盛り付け最後に「にんにくラー油」をもう一度回しかけて完成。辛いもの好きならたっぷりと。

Ｚさんのにんにくラー油

シャキシャキのスライスガーリックが入ったこだわりラー油。現在は終売。「にんにくラー油」がない場合は生のにんにくを薄く切りラー油に数日漬け込めば代用品になる。

Zさんメモ ニラもやしをにんにくラー油で炒め中華料理風に。厚手にスライスしたにんにくはホクホク感もあり食感も楽しい。

其の伍

善ってなんだよ？

まあ待てって。
偽善の偽はニセじゃなくて〝人〟の〝為〟と書くとかそういう浅い事言う訳じゃないからよ。
いいんだよ偽物でも。大体善者ってなんだよ？　連れてこいって話。
どいつもこいつもおしっこ漏れそうになったら立小便くらいするんだろって。それ軽犯罪法違反だからな。
てめえの身がかわいくて嘘をついた事だってあるだろ？
ビックリマン箱ダッシュとまでは言わないが、駄菓子屋行く時に親の金パクったやつだっているだろう。
パチンコも駄目だぜ？　強欲は罪なんだ。どうせ負けてるんだろうけど、勝とうとしている時点でそれは欲って訳よ。
でも、〝善〟ってものは、通算してどうのこうのって話じゃないんだな。
競馬や競輪の、年間トータル回収率みてえな話じゃなくて、人生でトータルして良かった悪かったって話でもないと思ってる。
俺の仲間、ダルビッシュ翔くんがやっている炊き出しの系列団体、大阪租界が「ワケありな人たちの罪滅ぼし」というテーマでテレビで特集されたりしているけど、実際悪い事は良い事したら消えるのかってなるとどうなんだろうな。
消えるって表現は少し違うんじゃないかってね。
マルチ商法の連中がせっせと勧誘に勤しむのを横目に、ルノアールでコーヒーをすすりながらミルクレープを食べていた時にそう思った。

普通に美味い喫茶店ルノアールのミルクレープ

クリームと生地が幾重にも重なり美しい造形だよな。普通に美味いし。
あんな感じでよ、この世に一度生を受けてからやってきた事は、白いもんでも黒いもんでも消えやしないのよ。
ただただ、重なっていくだけ。クレープの上にクリーム塗って、またクレープを置いてだ。
時にはクレープラッシュの時だってある。
シャブ食いながら自転車盗んで万引きに出かけた帰りに人ぶっ飛ばしてクレープ４連するポン中だっているだろう。
大切な人に嘘をついたり、隣の芝が青く光って見えて物盗りしたり騙してみたりよ。
でも、やっぱりクリーム欲しいじゃねえかよ。
人のために何かしたなって、この俺だって誰かしらの役に立てたのかもしれねえなって、そう思って死にたいじゃないのよ。
はい、じゃあお前余命３日っていきなり言われた時にだぜ？
もう自分という存在が消えてなくなるとなった時にだよ。
誰かの記憶には残りたいじゃねえか。あいついいやつだったなって。
やっぱり寂しいからそう思われたい。
露店で売ってたパチモンのロレックスだって、反対車線からはわかりはしない。
俺がいいなら、それでいい。
友達何人できるかな。明日天気になあれ。■

誰かの記憶には残りたいじゃねえか
あいついいやつだったなって

第八章

α 「ごちそうさま」のその前に

78

シャケバター茶漬け

バターで焼いたシャケが和風だしとベストマッチ

会食でも1人飲みでも、必ず「ごちそうさま」はやってくる。その前に食うシメをおろそかにしちゃいけない。どんなにいい食事でもシメを外すと悲しい気分になるだろ。やっぱり茶漬けは外せないね、日本人だもの。

材料

シャケ（切り身）…１枚
バター…１かけ
だしの素…小さじ２
万能ねぎ…適量
天かす…適量
ごま…適量
ご飯…茶碗１杯分

つくり方

一、バターでシャケを両面カリッとなるまで焼く。
二、だしの素を溶かし、別の鍋で温めておく。
三、丼にご飯をよそい、その上に鮭を乗せる。
四、だしを回しかけお好みでねぎ、天かす、ゴマをかけ完成。

Zさんメモ　最近は焼いたシャケの切り身がコンビニでパック売りしている。チンするだけでもいいのだが、バターで焼いた方が絶対美味い。後悔しないための一手間だ。

Chicken Cooked Rice Ball

79

かしわ飯

本場九州の味を租界流アレンジ！
澈マンした後にみんなで頬張ろうぜ

本場九州のかしわ飯はごぼうと鶏肉だけらしいが、
俺はにんじんを入れる。甘味が増してメシ自体の旨味が増すからだ。
つくり置きしておけば澈マンの後にみんなで食うこともできるしな。

材料

鶏肉（もも）…200g
にんじん…1/2本
ごぼう…1/2個
こんにゃく…1/3個
砂糖…大さじ1
醤油…大さじ1
みりん…大さじ1
酒…適量
だしの素…小さじ3
ご飯…３合

つくり方

一、鶏肉を炒め、砂糖、みりん、酒で味付け。
二、色が変わってきたら、カットしたにんじん、ごぼう、こんにゃくを加えて炒め、醤油で味を整える。火は完全に通さない。
三、表面に焼き目がついたら、米３合に水適量とだしの素を入れ炊飯器で炊いて完成。

Zさんメモ　べちゃべちゃにならないよう、炊くときの水加減には注意。パラパラとなるくらいに調整してほしい。

80

Super Cheap Rice Porridge with Bean Sprouts

原価バカ安 鶏ガラもやし雑炊

具はもやしとウインナーのみで食材費は50円！

編集が「原価50円で」って無茶振りするから考案してやったよ。でも想像以上に美味くてビックリした。人は挑戦をあきらめた時に年老いていくって猪木さんも言ってた。今後も新メニューに挑戦していくからよろしくな。

材料

もやし…1/2袋
ウインナー…１本
ガラスープの素…大さじ１
ご飯…好きなだけ

つくり方

一、鍋に水約500ccを入れもやしを茹でる。
二、ガラスープの素を入れ味付けし、輪切りにしたウインナーとご飯を入れる。
三、約５分ほど煮込めば原価50円の雑炊が完成！バカ安で二日酔いにも効く。

Zさんメモ　必要最低限な具でも満足できる一杯。飲んだ後にピッタリな雑炊に仕上がったので、これでシメて明日の英気を養ってくれ！

おまけ

まかない

租界メンバーのちょい足しメシ

カレーにめんつゆ大さじ３を入れてひと煮立ちさせ、そうめんにかければ完成

余ったカレーにひと手間加えて異次元の逸品に！

めんつゆとベストマッチ
カレーそうめん

麺で食べるなら水でほぐすだけで食べられるコンビニそうめんがオススメ。めんつゆ風味のスープは飲み干す一杯。

激辛アレンジ！
麻婆豆腐カレー

「麻婆の素」なしでも、カレーに豆腐＆豆板醤、さらに激辛トッピングでコク深麻婆豆腐風に早変わり！

カレーにだし巻き卵、とろろ昆布を乗せるだけ！

和風スクランブルエッグ

だし巻きカレー

市販のだし巻き卵&とろろ昆布を乗せるだけ。スプーンでほぐしただし巻き卵を頬張れば、インド人もビックリなスクランブルエッグカレーに。

カレーに豆板醤大さじ1&豆腐1丁を入れて煮込んで、仕上げに「Zさんのラー油なめ茸」を乗せれば完成

あとがき

祇園精舎の鐘の声、諸行無常の響きあり。娑羅双樹の花の色、盛者必衰の理をあらはす。おごれる人も久しからず、ただ春の夜の夢のごとし。たけき者もつひにはほろびぬ、ひとへに風の前の塵に同じ。

　俺は昔からこの平家物語の冒頭部分が好きでさ、物語全体の「この世のすべてのものは常に変化生滅し、永久不変なものなどない」というテーマがビンビンに響いちまってるんだよね。

　これを語り継いできた琵琶法師の耳なし芳一の話なんかも好きなんだけど、転落して世を恨んでいる平家の怨霊を子供の頃はただ怖いと思っていたけど、大人になるにつれてその物悲しさがわかるようになっていったんだよな。

　人間、その瞬間瞬間だけにフォーカスして切り取ってみても、人となりなんてわからねえよ。

　どんなにひねくれてとんでもない性格のおっさんがいたとしても、昔からそうだったとは限らない。ぶっ飛ばしてやろうかなくらいイラつく性格になってしまった転換点があったのかもしれない。強烈な何かが彼を変えたのかもしれない。

　そんな風に思うようになる年に俺もなってきた。

　今、炊き出しに並んでいる人、みすぼらしい格好で空き缶を拾っている人。

　それを見て、見下したり笑ったりできる人間の将来の保証なんてどこにもないって事よ。

Afterword

ガード下で落ちぶれている彼も、ランボルギーニで豪邸に帰る彼も、どちらも自分の未来の姿かもしれない。

冒頭にあるように、世は諸行無常なんだ。

ゼニ持っていようが持っていなかろうが、そんなもんは風の前の塵と同じなんだってね。

盛者必衰が理であるなら、下がり続ける人生なんかないって事も理なんだ。

明日は我が身って気持ちでやっている活動だとどこかのインタビューに答えた事があるが、路上に並ぶ彼らから見た俺も同じで、今はそうでもいつか盛り返して助けられる側に回る未来だってあるって思ってほしいなって気持ちもある。

この言葉は本来、他人の身の上に起こったことは、明日は自分の身の上にふりかかってくるもの、他人の災難をひとごとと思って見過ごしてはいけないって意味なんだけど、俺はその先の真理に気が付いた。

つまりは、人は何者にでもなれるという事。

良いも悪いも、てめえ次第。よろしく哀愁、明日は万舟。

じゃあそういう事で。チャオ。

■

Z李　座右の銘は「給我一個機会、譲我再一次証明自己」。経歴不詳、表と裏の境界線上にいるインフルエンサー。Xのフォロワー90万人超。複数の誌面でコラムや小説を連載。数年来の炊き出し活動以外にも保護猫カフェやTATTOOスタジオの経営、貧困家庭支援、路上生活者支援などその活動は多岐に渡る。　**X@ShinjukuSokai**

新宿租界Z李の行列のできる炊き出しレシピ

2024年12月12日　初版第１刷発行

著者
Z李
編集発行人
早川和樹
編集
菊池亨
料理監修
テッペイ君
協力
ほくろ、曾根孝仁、良い時の牛込寅太郎、浜田盛太郎、サロンドゥタマ、新宿租界スタッフ
ヤステ丸、実話ナックルズ編集部
写真
ToyoFILM、長谷英史（炊き出し密着、まかない）、田附勝（BAKENEKO CAFE）
装丁
伊藤信久

発行・発売
株式会社大洋図書
〒101-0065　東京都千代田区西神田3-3-9　大洋ビル
電話：03-3263-2424（代表）

ISBN 978-4-8130-7629-2 C0077